I0240255

www.ingramcontent.com/pod-product-compliance
Lightning Source LLC
Chambersburg PA
CBHW081259170426
43198CB00017B/2852
9781771435253

My Guide Inside (Book III) Advanced Teacher's Manual
Hebrew Language Edition

המדריך הפנימי שלי
להכיר את עצמי ולהבין את עולמי
ספר 3

מדריך למורים

כריסטה קמפסול
עם
קת'י מרשל אמרסון

תרגום: אביבה פשחור

שיחות חינוכיות מתוך הבנת שלושת העקרונות
myguideinside.com

CCB Publishing
British Columbia, Canada

My Guide Inside (Book III) Advanced Teacher's Manual Hebrew Language Edition
המדריך הפנימי שלי
להכיר את עצמי ולהבין את עולמי
ספר 3
Copyright © 2018, 2022 by Christa Campsall – http://www.myguideinside.com
ISBN-13   978-1-77143-525-3
First Edition

Library and Archives Canada Cataloguing in Publication
Title: My guide inside (book III) advanced teacher's manual Hebrew language edition / by Christa Campsall
with Kathy Marshall Emerson, translated by Aviva Pashchur.
Names: Campsall, Christa, 1954-, author.
Issued in print and electronic formats.
ISBN 9781771435253 (softcover) | ISBN 9781771435260 (PDF)
Additional cataloguing data available from Library and Archives Canada

My Guide Inside® is a registered trademark of Christa Campsall (3 Principles Ed Talks)
Authored With: Kathy Marshall Emerson
Conceptual Development: Barbara Aust and Kathy Marshall Emerson
Design: Josephine Aucoin
Production: Tom Tucker
Contributions: Jane Tucker and Dr. William Pettit
Graphic Design: Josephine Aucoin
Webmaster: Michael Campsall
Translation: Aviva Pashchur
Editing: Orit Eshel PhD.

Extreme care has been taken by the author to ensure that all information presented in this book is accurate and up to date at the time of publishing. Neither the author nor the publisher can be held responsible for any errors or omissions. Additionally, neither is any liability assumed for damages resulting from the use of the information contained herein.

All rights reserved. No part of this work covered by copyright herein may be reproduced or used in any form or by any means—graphic, electronic or mechanical—without the prior written permission of the author, except for reviewers who may quote brief passages. Any request for photocopying, recording, taping or storage on information retrieval systems for any part of this work shall be directed in writing to the author at myguideinside.com

למה ינשוף?

לאורך השנים כמורה, קיבלה כריסטה ינשופים שונים כמתנה. היא אוהבת אותם כסמל לחוכמה שכולנו חולקים. החל מימי קדם ולאורך ההיסטוריה, ראו תרבויות שונות בינשוף עוף הקשור לחוכמה והדרכה. עיני הינשוף העגולות והגדולות מסמלות ראיית ידע. למרות שלעיתים הוא מקושר לרעיונות אחרים, בשל הקשר לחוכמה, להדרכה ולראיית ידע, נבחר הינשוף כסמל הגרפי של *המדריך הפנימי שלי*. כריסטה מקווה שפרשנות זו תהיה משמעותית גם עבורכם. מי שיצר את הגרפיקה של המדריך הפנימי הוא אחד מתלמידיה לשעבר של כריסטה שהינו גרפיקאי כיום, ג'ו אוקין.

Publisher: CCB Publishing
             British Columbia, Canada
             www.ccbpublishing.com

המדריך הפנימי שלי: מדריך למורה – ספר III

תוכן עניינים

תוצאות: על מה בני נוער מדווחים........ iv

מבוא v

מטרות המדריך הפנימי שלי........ vi

מילות עידוד למורים........ 1

סקירה כללית להוראת המדריך הפנימי שלי........ 2

יסודות תוכנית הלימודים במחקר 2

הצעות לשימוש במפ"ש 4

אפשרויות מדיה דיגיטלית וקטעי וידאו........ 6

הקדמה למערכי שיעור 6

הערכות מקדימות ומסכמות של התלמיד........ 7

"תצפית בזק" של המורה על כל התלמיד........ 9

מדדים להערכת פעילויות השיעורים 10

מערך שיעור פרק 1 - לגלות את המדריך הפנימי........ 13

מערך שיעור פרק 2 – מסיכות הביטחון העצמי........ 16

מערך שיעור פרק 3 - 'פְּגוּדִימָה' וכיפית : הזהות האמיתית שלנו 19

מערך שיעור פרק 4 - החיים מתקיימים בהווה, החיים בעבר הם אבק........ 22

מערך שיעור פרק 5 - הבנת החושבים האבודים........ 25

מערך שיעור פרק 6 - מפנים מקום לאושר 28

מערך שיעור פרק 7 - פונים לעתיד במצב של רווחה נפשית 31

מערך שיעור פרק 8 - הגדרת הנתיב האישי שלכם 34

המפ"ש עומד ביעדי למידה ומיומנויות חינוכיים........ 37

בהקשר הנוכחי של מדיניות החינוך 37

מטרות המפ"ש 38

יעדי למידה ומיומנויות חינוכיים........ 38

הבנת בני נוער כיום........ 41

הזדמנויות הלמידה של המפ"ש המיועדות לבני נוער 43

הפניות לציטוטים 44

שיתוף עקרונות התודעה, מודעות ומחשבה 45

משאבים נוספים........ 48

המפ"ש בהקשר של מחקרים ותיאוריות עדכניות 51

שורשי המדריך הפנימי שלי 54

תודות 55

סקירה כללית של תוכנית הלימודים המקיפה של המדריך הפנימי שלי 56

אודות המחברות........ 57

מה אומרים אנשי מקצוע על המדריך הפנימי שלי 57

תוצאות: מה מדווחים בני נוער

בני נוער בגילאי 13-19, איתם היתה לנו הזכות לעבוד, מתארים את החוויות שלהם מלימוד העקרונות שהמדריך הפנימי שלי [להלן - המפ"ש] בוחן.

❖ "הופתעתי שהפתרונות למצבים עליהם דיברנו אכן עבדו!"

❖ "הושעתי מהלימודים לפני שגיליתי חלק מהדברים האלה... בעצם הכנסתי אגרוף לאחד הילדים... אבל אז גיליתי שהעניין היה מציאות נפרדת ואפשר היה לעצור את זה."

❖ "תוכנית הלימודים הזו עזרה לי מאד. נהניתי ממנה. אני מקווה שנוכל לחזור עליה בשנה הבאה. התוכנית הזו תעזור לי לאורך כל חיי. תודה לכם."

❖ "רוב המחשבות שלי חיוביות עכשיו, אפילו כשאני לא מקבלת את מה שאני רוצה. זה בגלל שאני מבינה שהאדם האחר מסתכל על זה מנקודת מבט שונה. היחסים שלי עם הורי השתפרו. אני לא מנסה להוכיח שום דבר יותר."

❖ "לסלוח זו ההרגשה הטובה ביותר מכולם. אל תתנו למחשבות שליליות לנהל את חייכם."

❖ "השתמשתי בתודעה שקטה כי לא הכנתי את שעורי הבית שלי והיה לי המון לעשות למחרת. אז עשיתי הכל בבית ספר. פשוט הרגעתי את עצמי בסוף היום ועשיתי. הספקתי הכל. הייתי גאה בעצמי."

❖ "ההיבט החשוב ביותר היה ללמוד על כוח המחשבה ומצבי נפש מכיוון שכעת אני יודעת שמחשבות הן איך שמתייחסים אליהן. זה גם עזר לי להפסיק לנתח מחשבות שליליות ולדעת איך למנוע אותן באמצעות גישה חיובית. זה עובד. תודה."

❖ "למדתי על שלושת העקרונות בבית ספר לפני כ- 15 שנה וידע זה הוא עדיין הבסיס לחיי כיום!" (מנער לשעבר, היום מבוגר)"

מבוא

אם אתם קוראים את הספר הזה, אתם מתחילים בתהליך משנה חיים יוצא דופן. אני פסיכיאטר וזקן מספיק כדי להיות הסבא שלכם. אני רוצה לחלוק איתכם מסר אישי מאד.

בשנות העשרה שלי, מעדתי ונפלתי תוך כדי שאני עושה כמיטב יכולתי מתוך ההבנה המוגבלת שהייתה לי אז על הטבע האמיתי שלי. לא ידעתי כיצד החוויה שלי נוצרת מרגע לרגע. לא היה לי שמץ של מושג שקיימת חוכמה שזמינה תמיד שמדריכה אותי בכל אתגרי החיים.

ביליתי 26 שנים בבית ספר והוכשרתי כפסיכיאטר, אבל לא למדתי דבר על בריאות נפשית אמיתית. במשך שנים רבות, הייתי אני עצמי בדכאון בשעה שטיפלתי בחולים.

אבל בדיוק כמוכם, היה לי מזל! נקרתה בפני ההזדמנות ללמוד את שלושת העקרונות וחיי האישיים ועבודתי הקלינית השתנו לנצח. תסמכו עלי, הבנת שלושת העקרונות - **תודעה, מחשבה ומודעות** - *שהיא מטרת המדריך הפנימי שלי* היא מתנה משנת חיים שלא תסולא בפז!

עקרונות אוניברסליים אלה יערכו לכם היכרות עם הטבע האמיתי שלכם ועם טבע החוויה שלכם – הנוצרת תמיד 'מבפנים החוצה'. *המדריך הפנימי שלי* מכוון אתכם להדרכתה האינסופית והנוכחת-תמיד של החוכמה. למשך שארית חייכם, בכל פעם שתעמדו בפני אתגרים וחוסר וודאות, השיעורים יקרי הערך שבספר יעזרו לכם!

כשהייתי בן שש ואחי בן שלוש, הוא הסיר את ידיו מבקבוק קוקה קולה ואחז בקשית שהייתה בבקבוק. הוא הביט בהפתעה, במורת רוח ובבלבול כשהבקבוק התנפץ על הרצפה ותוכנו ניתז. מעולם לא שכחתי את עיקרון כוח הכבידה.

אני משתף אתכם כאדם שעבר את שנות הנעורים בעצמו; כאב, שלקח חלק בגידול ארבעה ילדים וכפסיכיאטר בעל יותר מ-40 שנות ניסיון והסמכת מועצה בפסיכיאטריה של גיל ההתבגרות, שסייע להמון מתבגרים בדרכם לבגרות. חלמתי על יום בו תהיה לילדים צעירים את הזדמנות הלמידה שאתם נותנים להם.

הבנת עקרונות הבריאות הנפשית עושה הבדל גדול גם כן!!! תודה לכם על ליווי התלמידים שלכם במסעם אל האושר!

ד"ר וויליאם (ביל) פטיט, MD

פסיכיאטר

מטרות המדריך הפנימי שלי

העקרונות שד"ר פטיט מתייחס אליהם פועלים בכל בני האדם, כולל כל ילד. תוכנית הלימודים *המדריך הפנימי שלי* (להלן *מפ"ש*) מכוונת לדרך של שלמות, אושר, יצירתיות ורווחה בכל תחומי חייהם של התלמידים.

לפיכך, למפ"ש שתי מטרות אקדמיות: **(1)** שיפור הרווחה האישית של התלמידים מתוך הבנת עקרונות אלה ו-**(2)** פיתוח מיומנויות בתחומי התקשורת, החשיבה והאחריות האישית והחברתית. *המדריך* משיג את שתי המטרות האלה באמצעות סיפורים, דיונים ופעילויות כתיבה ויצירה שונות, תוך כדי שהלמידה מפתחת מיומנויות השפה.

גילוי המדריך הפנימי האישי משחק תפקיד מרכזי בלמידה ומשפר את יכולת התלמידים לקבל החלטות, לנווט בחיים ולבנות מערכות יחסים בריאות. גישה לחוכמה טבעית משפיעה לחיוב על רווחתם האישית והרוחנית, על אחריותם האישית והחברתית, ועל זהותם האישית והתרבותית. למידה חברתית ורגשית, כמו גם נחישות, ויסות עצמי ומסוגלות עצמית, הם תוצאות טבעיות של מודעות גדולה יותר.

מילות עידוד למורים

ברוכים הבאים לחוויה חדשה ונפלאה החולקת עם התלמידים שלכם את העקרונות שד"ר פטיט מדבר עליהם, המכונים בדרך כלל "שלושת העקרונות". הקדשתי את כל קריירת ההוראה שלי להצגת העקרונות הללו בפני תלמידים ומחנכים. ההערות בתחילתו ובסופו של המפ"ש III מגיעות מתלמידים ועמיתים שלי. גם אתם יכולים להשפיע! הפיחו חיים במילות המפ"ש והשתמשו באופן חופשי במערכי השיעורים ובהנחיות למורים.

כמורה ועמיתה, אני מזמינה אתכם וממליצה לכם בחום לגלות את המדריך הפנימי שלכם עצמכם. המילים שנכתבו כאן, הגם שנכתבו עבורכם ועבור תלמידכם במחשבה רבה, הן רק "הד של אמת."

כמו כל אחד אחר בתחום החינוך, גם אני הייתי צריכה למצוא את דרכי. ב-1975, הייתי מורה חדשה עם ארגז כלים ומיומנויות עדכניים ותשוקה עזה לעזור לתלמידים מתקשים. ובכל זאת, שקלתי מחדש את בחירת הקריירה שלי כי למרות התשוקה שלי, לא הצלחתי לחדור לליבם של תלמידים בעלי אתגרים רציניים. ככל שניסיתי, לא הצלחתי להגיע אליהם.

מה עשה את ההבדל? שמיעת אמיתות העקרונות הללו. הגעתי להבנת מקור החוכמה והרווחה הפנימיות הטבעיות. שיעור ההצלחה שלי עם תלמידים אלה נסק. הייתי צריכה למצוא בעצמי את "החוליה החסרה", וכך התחיל מסע הלמידה של חיי שהתמקד בהמרצת התודעה האינטואיטיבית – החוכמה – היא המדריך הפנימי שלי.

הכרת המדריך הפנימי היא בעלת ערך לכל תלמיד. עם זאת, היא חיונית במיוחד עבור תלמידים מתקשים. הם זקוקים לידע ולהבנה כדי לחוות חיים בריאים. תוכנית לימודים זו מיועדת לתלמידים שלכם עם פעילויות שניתנות להערכה ולדיווח על התקדמות, אולם היא מיועדת גם לתלמידים סקרנים שחקירתם אינה מבוססת על צורך בציונים.

כשאנחנו לומדים עקרונות אלה, אנו מגלים שאין סוף לחוכמה הפנימית שמביאה שמחה וחמלה לחיים. כפי שמדגיש הסופר סידני בנקס, "אלה שמצאו איזון בין האינטליגנציה שלהם לחוכמתם המולדת הם בני המזל." (1998, p. 133) בואו נצטרף לבני המזל!

הפיחו חיים במילות המפ"ש. שיעור ההצלחה ושביעות הרצון שלכם יגדלו בהרבה. בסופו של דבר, תרגישו טוב יותר כשתתנסו בעולם חדש. כעמיתה שרוצה תמיד לשתף במה שעובד, אני מאיצה בכם לגשת לדפי המקורות המומלצים והמשך הלמידה למחנכים הכלולים במדריך. אנא, חקרו. משאבים אלה הם הבסיס למדריך הפנימי שלי. הוראה מאושרת!

בברכה חמה,
כריסטה קמפסול

סקירה כללית להוראת המדריך הפנימי שלי

כאשר אתם מתכוננים לחלוק את תוכנית לימודים זו עם תלמידכם, ישנם כמה שיקולים מרכזיים העשויים לשפר מאד את התמיכה שתקבלו מעמיתכם ומצוות ההנהלה בבית הספר שלכם, כמו גם את ההשפעה שתהיה לכם על תלמידיכם. למדנו לאורך השנים שהמידע הבא עשוי להועיל מאד.

יסודות תוכנית הלימודים במחקר

תוכנית לימודים אחראית חייבת להיבנות על הבנה מוצקה של המחקר החינוכי העדכני. ישנם מחקרים רבים שיש לקחת בחשבון. לשם הפשטות בחרנו להדגיש מדגם אחד של קבוצת מחקרים משמעותיים עדכניים. (ראו **המפ"ש בהקשר של מחקרים ותיאוריות עדכניות** בהמשך מדריך זה לדיון ולרישום מפורט של פרסומים מדעיים בנושא.)

ג'ון האטי הוא בעל תואר דוקטור מאוניברסיטת טורונטו והוא פרופסור לחינוך ומנהל המכון לחקר החינוך באוניברסיטת מלבורן, אוסטרליה. הוא שימש גם כפרופסור לחינוך, מנהל אדמיניסטרטיבי ומנהל מחקר באוניברסיטאות שונות בקנדה, ניו זילנד וארה"ב. הוא מייעץ למוסדות וארגוני מפתח ברחבי העולם. ד"ר האטי ביצע את הסינתזה הגדולה ביותר אי פעם של מטה-אנליזות של מדדים כמותיים של השפעת גורמים שונים על תוצאות חינוכיות. מחקריו של האטי זכו לפרסום רב והוא ידוע ביותר בספריו 'הלמידה הגלויה'. מתודולוגיות המחקר הכמותיות שלו מתעדות את ההשפעות על הישגי התלמידים המתוארות להלן.

ג'ון האטי וצוותו בחנו עד 2015 מעל 1200 מטא-אנליזות הקשורות להשפעות על הישגי התלמידים. מטא-אנליזות אלה בחנו יותר מ-65,000 מחקרים, 195,000 "גדלי האפקט" וכרבע מיליון סטודנטים ברחבי העולם. האטי שאף לגלות מה באמת ממקסם את למידת התלמידים והישגיהם (Hattie 2015). על מנת לענות על שאלה זו, האטי זיהה את "גודל האפקט" מהגדול ביותר לקטן ביותר הנובע מהתכניות החינוכיות, המדיניות וההתערבויות החדשניות.

באופן כללי, סיפור המחקר העולמי העצום של 'הלמידה הגלויה' שנחשף על ידי ג'ון האטי "טוען שתוצאות ומעורבות התלמידים הן מקסימליות כאשר מורים רואים הוראה ולמידה דרך עיני תלמידיהם, וכאשר התלמידים הופכים למורים של עצמם." (Hattie, 2015, p. 79.)

דוח אחרון* עם דירוגים בין 1.62 עד 0.42-, מציין שאלו הם שלושת "גדלי האפקט" הגבוהים ביותר המשפיעים על הישגי התלמידים:

1 - הערכות המורים לגבי הישגי התלמידים 1.62

2 - יעילות המורים הקולקטיבית 1.57

3 - ציונים מדווחים עצמאית 1.33

כשמסתכלים דרך עדשת שלושת העקרונות, אנשי חינוך מבינים את ההשפעות האלה בדרך זו:

1 – "הערכות המורים לגבי הישגי התלמידים" פירושה השקפת מורה בודדת שכל תלמיד יכול להגיע להישגים/ללמוד; המורה רואה במדויק היכן התלמיד נמצא בהווה ואז מקבלת תובנות המגלות לה כיצד לקדם את התלמיד. כפי שכותבת בארב אוסט, "אין תלמידי "פח זבל". אנו מגיעים אליהם על ידי "הוראה ברגע הנוכחי." (Aust, 2013, 2016)

2 – "יעילות המורים הקולקטיבית" מתייחסת למורים בבית ספר או בצוות חשיבה, בביטחון שביכולתם הלכה למעשה להצליח ללמד ולהגיע לכל תלמידה ותלמיד. הם סומכים זה על זה להוסיף לפיתוח הפתרון.

3 – "ציונים מדווחים עצמאית" היא ההשפעה המתייחסת למידת הידיעה של התלמידה שהיא מסוגלת ללמוד בהצלחה וידיעה זו מגשימה את עצמה. כאשר תלמידה לומדת לשחרר חשיבת "אני לא יכולה ללמוד", מוטיבציה פנימית מניעה אותה. אין זה מפתיע שגודל האפקט הזה מדורג כל כך גבוה.

בנוסף, ההשפעה השלילית ביותר על הישגי התלמיד היא **דכאון התלמיד עם 'גודל האפקט' 0.42-**. ההשפעה של רווחת התלמיד על הישגיו האקדמיים לא יכולה להיות ברורה יותר!

מה משנה באמת? חשיבת התלמיד והמורה משחקת תפקיד קריטי. לדוגמא, האטי כותב:

"זה פחות מה שהמורים עושים כשהם מלמדים, אלא יותר איך הם חושבים על תפקידם. הלך רוחם או דרכי החשיבה שלהם על הוראה ולמידה הם הקריטיים ביותר."
(Hattie, 2015, p. 81.)

תוכנית הלימודים של *המפ״ש* מכוונת את המורים והתלמידים מעבר לאמונה לתוך הידיעה שזו האמת – שכל תלמיד יכול ללמוד וכל מורה יכול לגלות תובנות וחוכמה שידריכו אותו להוראה אפקטיבית. מסוגלות עצמית הן של התלמיד והן של המורה מתרחשת באופן טבעי כאשר מתגלה להם טבעם ה'מבפנים החוצה' של החיים.

*דירוגים אלה זמינים באופן חזותי באתר:

www.visiblelearning.org/nvd3/visualize/hattie-rank-ing-interactive-2009-2011-2015.html.

חשוב גם להבין שמכיוון שמחקרו של ג'ון האטי נמשך ללא הגבלת זמן, דירוגי 'מידות ההשפעה' המדויקות ואף הגדרות ההשפעות ישתנו מעט. לדוגמא, בשנת 2016 ג'ני דונוהו תיארה את יעילות המורים הקולקטיבית ב-1.57 כהשפעה המשפיעה ביותר (Donohoo, p. 6). למרות פרשנויות שונות, אנו מרגישים שגורמים מזוהים מרכזיים תואמים היטב את הבנת שלושת העקרונות שלנו.

הצעות לשימוש במפ"ש

תוכנית לימודים זו מיועדת לשימוש בבית ספר או בבית או בכל מקום בו חשוב להביא תקווה לתלמידים. ספר III מציע סיפורים ופעילויות שנועדו להצלחת התלמידים בהקשר הזה:

רמת קריאה: "רהוטה מתקדמת" (גילאי 13-19), בדרך כלל בית ספר תיכון.

גמישות: שיעור רגיל או מותאם לתלמידים באופן פרטני.

מסגרת: כיתה, קבוצה קטנות, או הוראה פרטנית.

עיצוב: כולל תלמידים בהכוונה עצמית העובדים באופן עצמאי.

מדיה דיגיטלית: היצע מדיה דיגיטלית וקטעי וידאו חינמיים מוצעים ב-myguideinside.com.

באופן כללי, ייתכן שיהיה חשוב לקחת בחשבון את הנקודות הבאות:

תכנון מסגרת הזמן

אנו מעריכים שרוב הפרקים דורשים 2 שיעורים של 40 דקות. ישנם שני יוצאים מן הכלל הדורשים שלושה שיעורים: בפרק 4 יש סיפור ארוך ובפרק 6 יש סיפור בשני חלקים. הערכות אלה מביאות בחשבון קריאה ודיון, בניית אוצר מילים, התבוננות וכתיבה ביומן. כל פעילות נוספת תדרוש זמן נוסף. מגוון רחב של פעילויות מרתקות עם היצע של מדיה דיגיטלית חינמית וקטעי וידאו מוצעים באתר myguideinside.com.

ברור שעל כל מורה להתאים את מסגרת תוכנית הלימודים הזו לזמן הקיים בלוחות הזמנים, הכבר עמוסים, של בתי הספר. החלום שלנו הוא שיעור עצמאי לקרדיט אקדמי.

גמישות

האתגר הגדול ביותר שכל אנשי החינוך עומדים בפניו בכל מקום הוא זמן. השתמשו בתוכנית הלימודים של ***המפ"ש*** כיחידה במסגרת שיעור או כשיעור עצמאי עבור נקודות, אם הזמן מאפשר זאת. חשוב לדעת שאתם יכולים להתאים את תוכנית הלימודים הזו ולהשתמש בה כמשאב במצבכם האמיתי. ניתן להשתמש בפרקים בכל סדר המתאים לכם. מתוך הבנת מגבלות הזמן, משאב זה נועד גם לשימוש בכל אחד מהפרקים אחד עד שבע כשיעור העומד בפני עצמו. הפרק האחרון, לעומת זאת, נועד לחזרה.

המטרות העיקריות של ***המפ"ש*** הן הגברת המודעות והאחריות לרווחתם האישית של התלמידים. לכן הדיונים בכיתה מטפחים את גילוי התלמידים את חוכמתם הפנימית המולדת – הנקראת ***המדריך הפנימי שלי*** בתוכנית זו. אנו יכולים לחוות חוכמה פנימית על ידי שיתוף רעיונות "התמונה הגדולה". תוכנית לימודים זו נועדה כקרש קפיצה לגילוי.

שימו לב לתובנות שלכם העשויות להיות מאירות ומדריכות ביותר כשאתם מכינים את השיעור הבא. כאמור, התובנות שלכם יובילו להבנה עמוקה יותר של ***המדריך הפנימי*** שלכם. זכרו שהעניין הוא ההרגשה... הקשיבו להרגשה הטובה הזו ועקבו אחריה עם התלמידים שלכם.

לומדים, חיים, משתפים

המשמעות של זה היא להביא אתכם את ההרגשה, את "תוכנית הלימודית החיונית", כל יום. במילים אחרות, "לחיות את העקרונות" בכך שאתם נמצאים בהוויה שיתופית באופן טבעי; אתם משתפים חמלה, הבנה ושמחה בכיתתכם. ברגע שתהיו לא רשמיים וטבעיים, תשתפו את העקרונות באמצעות הרגשה חיובית. זה ישפר ויעצים את התלמידים יותר מכל שיתוף פורמלי שתוכלו לעשות באמצעות שיעורים אלה.

אני אסירת תודה לעמיתתי קת'י מרשל אמרסון, שהציגה את שלושת העקרונות בפני מאות מורים ועל שהבהירה את פשטותו של תהליך זה. (ראו הפניה: *מחנכים החיים בשמחת הכרת תודה*; במיוחד ובינר מס' 12) וכן ראו גם את ספרה המועיל מאד של בארב אוסט, *תוכנית הלימודית החיונית*, בו היא מתארת יפה כיצד נראית האווירה בבית הספר ובכיתה כאשר העקרונות משולבים בחינוך. לבארב יש ניסיון בלמידה, חיים ושיתוף של שלושת העקרונות לאורך כל הקריירה שלה; היא תמיד חלקה חוכמה כזו בתפקידה כמורה, מנהלת ומפקחת פרחי הוראה.

היצע מדיה דיגיטלית וקטעי וידאו

היצע מדיה דיגיטלית לפעילויות למידה נגישות וקלות לשימוש עבור בני נוער. קישורים אליהן נמצאים באתר המיוחד של המפ"ש שנוצר רק עבורכם ועבור התלמידים שלכם ב-myguideinside.com. הסיסמא היא mgi.

פרקים ופעילויות ספציפיות לשיעורים עושים שימוש במשאבים מקוונים חינמיים שיסקרנו את תלמידיכם ויתמכו בכם כאנשי חינוך עסוקים. ניתן להקרין קטעי וידאו בכיתה, וגם להנות מהם מחוץ לשיעור.

אתר המפ"ש כולל מעבד תמלילים מתאים, אחסון בענן, משוב שמע, יכולת לרשום הערות, וכלים ליצירת תמונות וכרזות, בלוגים, שיתוף קטעי וידאו וקבצים, הסכתים (פודקסטים), מפות חשיבה, הפקת קטעי וידאו, ותמיכה בכתיבה. כל אחד מאלה נחקר ונבדק בקפידה.

אם הדבר מקובל בבית הספר שלכם, ייתכן שלעיתים תרצו שהילדים יביאו את המכשירים הפרטיים שלהם (מחשב נייד, IPAD או טלפון חכם) עבור פעילויות המדיה הדיגיטלית, העושות שימוש בקלות בכלים טכניים מדהימים וחינמיים אלה. אתם עשויים להעריך מאד את המשאב הזה: "מדריך המורים לטכנולוגיה" (2016) www.teachers-guidetotech.com.

הקדמה למערכי שיעור

הדפים הקודמים במדריך מורים זה תיארו את "התמונה הגדולה" של הכנה אפקטיבית להוראת עקרונות אלה לתלמידים שלכם. מערכי השיעור הבאים מתחילים בתמצית הנושא המרכזי של השיעורים.

ספר התלמיד של המפ"ש מציע סיפורים, פעילויות ומשאבים ספציפיים לכל שיעור. אנא הפנו את התלמידים **למרכז המשאבים** של כל פרק לקבלת הקריטריונים להצלחת הפעילויות, אפשרויות המדיה הדיגיטלית ואוצר המילים להרחבת החשיבה והתקשורת. אין צורך בתכנון, פשוט קראו את הפרק המאורגן באופן הגיוני והמשיכו. השיעורים קלים להבנה.

מערכי השיעורים מספקים פרטים על אופן התאמת כל שיעור להתקדמות האקדמית של התלמידים. מערכי השיעורים אינם מפרטים מה לכלול בכל שיעור; כל זה מפורט במלואו בספר התלמיד של המפ"ש. מערכי השיעור מציעים כיצד תושג ההתקדמות האקדמית של התלמידים תוך כדי ביצוע השיעורים בפועל. תוכנית זו נותנת למורים הזדמנות להיות המעריכים שלהם עצמם. כפי שג'ון האטי מעודד אותנו כל כך, "דעו את ההשפעה שלכם!"

מערכי השיעורים וספר התלמיד של המפ"ש יחדיו מציעים דרך לשתף את העקרונות כך שתתרחש הלמידה בתחומים חשובים– יעדי המפ"ש למודעות ואחריות אישית לרווחה בכמה תחומים.

ניתן להשתמש בערכה כיתתית של ספרי התלמיד של המפ"ש שנה אחרי שנה. לחלופין, במידת האפשר, עדיף לספק לכל תלמידה ותלמיד את ספר התלמיד של המפ"ש כדי שיוכלו לגשת ולהוסיף לחקור את נושאי המפתח.

התחילו וסיימו בהערכה

הערכות מקדימות ומסכמות של התלמיד

לפני תחילת פרק 1, התלמידים ממלאים את ההערכה המקדימה של המפ"ש III הנמצאת בנספח א' של ספר התלמיד של המפ"ש. התלמידים יכולים לגלות כיצד הם רואים את רווחתם האישית ואחריותם לפני שהם מתחילים את השיעורים ולתעד את ההתקדמות שלהם באמצעות ההערכה המסכמת של המפ"ש III בסוף הקורס. הערכה עצמית זו תופסת את התקדמות התלמידים בשני יעדים רחבים של המפ"ש:

מודעות לרווחה אישית

אני שמחה בחיי

אני מלא תקווה לגבי העתיד

אני משתמשת בשכל ישר, בחוכמה פנימית, כדי להדריך אותי

אני נשאר רגוע ושלוו במצבים מאתגרים

אני מודעת לאופן בו ההחלטות והמעשים שלי משפיעים עלי

אני מודע ואחראי לרווחה הנפשית שלי

אני מנהלת את הלחצים שלי

אחריות תקשורתית, חשיבתית, אישית וחברתית

אני מתקשר ביעילות עם תלמידים אחרים בדיונים קבוצתיים בכיתה

אני מבטאת את עצמי בצורה ברורה במשימות כתובות

אני משתמש ביעילות בתקשורת דיגיטלית

אני משתמשת ברשתות חברתיות כדי לתמוך ולעזור באחרים

אני לומד מסוגל

אני מסוגלת לראות את "התמונה הגדולה" כשאני לומדת דברים חדשים

אני נחוש ובעל מוטיבציה לחקור נושאים חדשים

אני רואה את התוצאות ההגיוניות לחשיבה ולמעשים שלי

אני תופש את עצמי "נופל" רגשית, מסוגל להירגע ולחזור להתנהגות טובה

אני מקבלת החלטות אחראיות תוך התחשבות בזולת ובעצמי

אני בונה מערכות יחסים בריאות עם התלמידים האחרים

אני ידידותית, חביבה ואהודה

אני מקשיב לאחרים עם בהירות, סקרנות וחמלה

אני אמינה והוגנת

אני טוב בלפתור "בעיות של אנשים" בקרב החברים שלי

מדדי התוצאה הרלוונטיים הללו נבחנים בקצרה בסיום כל פרק. בחינה עצמית זו של התלמידים יכולה להמריץ תוצאות כאלה ולהפוך אותן ל"בדרך כלל" בחיי היומיום שלהם.

על ידי שמירת עותק של ההערכות המקדימות והמסכמות של כל תלמיד, ניתן לעקוב אחר ההתקדמות ולדון בה באופן פרטני עם כל תלמיד. במידת האפשר, צוות משרד המחקר של מחוז בית הספר עשוי לפתח מערכת ממוחשבת יעילה לאיסוף נתונים, ניתוח ודיווח למורה בכיתה. ניתן לפתח גם דוחות תלמידים בודדים וגם דוחות כיתתיים.

"תצפית בזק" של המורה על כל התלמיד

הטופס הבא מאפשר לכם לתעד במהירות את ההתקדמות האישית של כל תלמיד. קודם השוו בין ההערכה המקדימה והמסכמת של כל תלמיד, התבוננו ואז תעדו את התצפיות שלכם בטופס "תצפית בזק".

ב"תצפית בזק" זו ארבע שאלות. במצב אידיאלי יהיה לכם זמן אישי עם כל תלמיד כדי ללמוד על תחושת ההתקדמות האישית שלו ולשתף אותו בתצפיות שלכם. חשוב לחלוק תצפיות אלה עם ההנהלה וקובעי המדיניות של בתי הספר שלכם.

"תצפית בזק" של המורה את התלמיד

לפני מילוי טופס זה, בדקו את התקדמותו של כל תלמיד על סמך השוואה בין ההערכה המקדימה והמסכמת שלהם. התבוננו ואז מלאו את "תצפית הבזק" הזו כדי לדווח על התצפיות העיקריות שלכם. קחו זמן עם כל תלמיד או תלמידה והקשיבו לתחושתם לגבי התקדמותם האישית. ואז שתפו את התצפיות שלכם. למדו ועודדו אחד את השני.

שם: ______________________ תאריך: ______________

מודעות לרווחה אישית

לעיתים רחוקות	1	2	3	4	5	בדרך כלל

תצפיות; הערות:

אחריות תקשורתית, חשיבתית, אישית וחברתית

לעיתים רחוקות	1	2	3	4	5	בדרך כלל

תצפיות; הערות:

מידע רלוונטי על התלמיד

נוכחות

עדיין לא עונה על הציפיות	1	2	3	4	5	עונה לחלוטין על הציפיות

ביצועים אקדמיים בכיתה

עדיין לא עונה על הציפיות	1	2	3	4	5	עונה לחלוטין על הציפיות

התנהגות חברתית בכיתה ומחוצה לה

עדיין לא עונה על הציפיות	1	2	3	4	5	עונה לחלוטין על הציפיות

השתתפות בכיתה

עדיין לא עונה על הציפיות	1	2	3	4	5	עונה לחלוטין על הציפיות

תצפיות; הערות:

מדדים להערכת פעילויות השיעורים

קריטריונים להערכה של פעילויות ספציפיות במפ"ש III מיועדות לעקוב אחר התקדמות התלמיד ונמצאות ב"מרכז המשאבים" בסוף כל פרק של ספר התלמיד. התלמידים יכולים להשתמש בפעילויות באופן עצמאי לצורך הערכה אישית בהתייעצות עם המורה, או רק על ידי המורה.

סולם הערכה

טוב במיוחד; עומד בצורה ברורה בכל הקריטריונים או עולה עליהם.	**5**
טוב מאוד; עונה על כל הקריטריונים ועולה על כמה קריטריונים	**4**
טוב, עונה על כל הקריטריונים	**3**
פחות מהמקובל; עונה על כמה קריטריונים; לספק תמיכה	**2**
מוגבל; עומד בקריטריונים מעטים, בהתקדמות; לספק התאמות / שינויים	**1**

הפעילות	קריטריונים להערכה	1	2	3	4	5
בלוגים	רעיונות מקוריים הבעת רעיונות בצורה ברורה מראה הבנה שיפורים עם ציטוט מדויק					
דו"ח על ראיון	ראיון המרתק את הצופה במידע רלוונטי לראיון יש רעיון מרכזי ברור מרתק וזורם שימוש בכללי שפה ודקדוק ברורים ונכונים					
דקלום שיר	מוכן מדויק מדבר בצורה ברורה בטוח					
הוסף לסיפור	רעיון מרכזי ממוקד טקסט משמעותי מראה עומק מחשבה רצף הגיוני שפה ברורה וכללי שפה ודקדוק נכונים ניכר קול מרתק					
התנדבות	עבודה מדויקת מראה אחריות מראה יוזמה גישה טובה נוכחות עקבית					
חלומות	שימוש ב"אני" חולק מחשבות ורגשות מראה תובנות והקשרים					
יצירת אמנות	מקורי ויצירתי שימוש מיומן בחומרים אקספרסיבי ומפורט שימוש יעיל במרחב					
כרזה	אינפורמטיבי, ברור, משמעותי מדויק ומסודר שימוש יעיל במרחב צבעוני; מדויק					

הפעילות	קריטריונים להערכה	1	2	3	4	5
כתיבה משכנעת	נקודת מבט מוצהרת באומץ עם סיבות משכנעות מאורגנת באופן הגיוני כללי שפה ודקדוק נכונים קריאה ל"פעולה"					
כתיבת מחשבות	רעיון מרכזי ממוקד מראה עומק חשיבה רצף הגיוני שפה ברורה כללי שפה ודקדוק נכונים ניכר קול ייחודי					
כתיבת שיר	עומק מחשבה מאורגן שפה חיה יוצר אווירה					
מטאפורות אישיות	דימויים חזקים תכונות אמיתיות שימוש יעיל במרחב דיוק					
מפת שייכות	מתחשב מראה קישורים מדויק רלוונטי					
סיכום סיפור	הרעיון המרכזי מצוין בצורה ברורה כולל רק פרטים חשובים ברצף הגיוני כללי שפה ודקדוק נכונים מסקנה ספציפית					
סקירה למילות שיר	מעביר את משמעות השיר מראה מחשבה והתבוננות נותן דוגמה לכלי פואטי משתמש בשפה ברורה ובכללי דקדוק נכונים					
עדכון עמוד פרופיל	ניכר קול מרתק ייחודי שפה ברורה כללי שפה ודקדוק נכונים					
פסטיבל שיתופים	משתתף באופן פעיל מתחשב בעל ביטחון מתקשר ביעילות					
פרופיל עתידי	כותרת מרתקת סיכום תמציתי ותחומי עניין החושפים אישיות ניסיון (תעסוקתי או התנדבותי) מטרות משמעותיות					
רשומות יומן	שימוש ב"אני" מביע רעיונות בצורה ברורה מראה תובנות והקשרים					

הפעילות	קריטריונים להערכה	1	2	3	4	5
רשימת חוויות בריאות	מקורי מביע רעיונות בצורה ברורה כולל דימויים מחזקים טקסט כללי שפה ודקדוק נכונים שורה תחתונה חזקה					
תגובה לקטעי וידאו	משתמש ב"אני" מבטא רעיונות בצורה ברורה מראה תובנות והקשרים					
תשדיר שירות ציבורי [תש"צ]	טקסט מקורי מאמץ שיתופי מידע מדויק הצגה מעניינת					

מערך שיעור פרק 1 - לגלות את המדריך הפנימי

בקשו מהתלמידים למלא טופס הערכה מקדימה, ואז התחילו באוריינטציה: מצאו את הכיוון

גילוי המדריך הפנימי שלנו, החוכמה הפנימית, מוביל לאושר ולהבנה. לכל אחד יש בריאות נפשית בפנים, המוגדרת גם כמצב של רווחה נפשית. לימוד שלושת העקרונות מראה כיצד אנו יוצרים את חוויית החיים האישית שלנו מבפנים החוצה. הבנת המשוואה מכוונת אותנו לעבר רווחה נפשית ועוזרת לנו למצוא את הצפון האישי שלנו:

"תודעה + מודעות + מחשבה = מציאות" *(Enl.G.R. 42)*

*בחינת ההיגיון שבמציאויות נפרדות עוזר לנו לתקשר עם אחרים בבהירות. יש הקלה משעשעת בלראות מציאויות נפרדות בפעולה! הכרות עם **המדריך הפנימי** שלנו מאפשרת לנו לחיות חיים מלאים באושר ורווחה. כפי שהעיר נער אחד: "שלושת העקרונות הם כמו טבעת לפענוח קוד!"*

פרק זה מציג את שלושת העקרונות. עקרונות אלה עומדים בבסיס המפ"ש. זו ההזדמנות שלכם לגלות את המדריך הפנימי שלכם שמכוון כל אחד ואחת מאתנו לתובנות ואושר באופן טבעי.

יעדי למידה ומיומנויות

עם יעדי המפ"ש להגברת המודעות והאחריות לרווחה אישית, פרק 1 מתחיל להכין את התלמידים לקחת אחריות על רווחתם האישית ואושרם על ידי דיון ברעיונות "התמונה הגדולה", ומודעות למחשבות. עם הזמן גישה זו תשפר את רווחתם האינטלקטואלית, היצירתית, החברתית, הרגשית, הפיזית והרוחנית. כמו כן, פרק זה מקדם את למידת התלמידים מיומנויות רחבות ספציפיות אלה: מיומנויות שפה, תקשורת, בניית מערכות יחסים בריאות, אחריות חברתית, חשיבה ורווחה אישית.

מטרות השיעור

פרק 1 מכוון את התלמידים:

- להתחיל להבין את העקרונות היסודיים וכיצד הם פועלים מבפנים החוצה
- להקשיב, לשתף פעולה ולתקשר בצורה ברורה
- לקרוא ולסקר משאבים דיגיטליים כדי לחקור רעיונות
- ליצור טקסטים משמעותיים
- לחוות יצירתיות

הזדמנויות למידה

פרק 1 נועד לעודד את התלמידים:

- להשיג הבנה של העקרונות במובן של
  - להכיר במה שהם יודעים על ידי התבוננות והענות
  - להבחין במתרחש בתוכם תוך שהם לומדים על העקרונות
- לתקשר בעל פה
- להשוות רעיונות עם ידע קודם וליצור הקשרים
- להרחיב ידע על ידי הקשבה לאחרים ועל ידי קריאה וצפייה
- להתחשב בנקודת המבט של אחרים ולשתף את נקודת המבט שלהם
- ליצור טקסטים משמעותיים ולחדד אותם באוצר מילים משופר
- להיות יצירתיים

תוצאות הלמידה

בסוף השיעור של פרק 1, התלמידים יראו מיומנויות וידע באמצעות:

- הבנת העקרונות כאשר הם
  - מבחינים בתובנות
  - חווים אושר
- למידת שפה, כולל שיפור אוצר מילים בהקשבה ובדיבור
- יישום אסטרטגיות קריאה להבנת טקסט
- שיתוף נקודות מבט כדי להרחיב את החשיבה
- שימוש בשפה ברורה וכללי לשון נכונים בכתיבת רעיונות חדשים מתוך חקר והתבוננות ברעיונות "התמונה הגדולה".
- הבעת יצירתיות

קישורים למדיה דיגיטלית וקטעי וידאו

לפני שתמשיכו לקרוא, אנא גשו לאתר, myguideinside.com. חפשו את הקישורים לפרק זה. הם כוללים: מעבד תמלילים, אחסון בענן, משוב קולי, תמיכה בכתיבה, כלים ליצירת תמונות וכרזות, כמו גם קטעי וידאו. אלה יתנו לכם ולתלמידים שלכם את ההזדמנות לפעילויות מדיה דיגיטלית האלה: *התבוננו וכתבו רשומה ביומן, הגיבו לקטע וידאו, חשבו על זמן, צרו עבודה אמנות וצרו כרזה.* עם הדרכה, פעילויות אלה ייתנו לתלמידים שלכם אפשרויות לחלוק את עבודתם אתכם, עם הקבוצה, עם קהילת בית הספר ואולי גם עם הקהילה העולמית.

מדדים להערכת פעילויות השיעורים

מדדים להערכה המוצעים במדריך זה לפעילויות פרק 1: רשומות ביומן, תגובות לקטעי וידאו, כתיבת מחשבות, יצירת אמנות וכרזה.

טיפים לשיתוף העקרונות

שני משאבים מועילים מתארים מה חשוב לזכור כשחולקים את העקרונות עם אחרים. *'הכוונה ליועצים וחונכים'*, מיועד לתלמידים ונמצא בנספח ה' בספר התלמיד של המפ״ש. גרסת המורים, הנקראת *'שיתוף העקרונות של תודעה, מודעות ומחשבה'*, נמצאת בחלק *משאבים משלימים* במדריך למורים זה.

במידת האפשר, שתפו את הסיפורים שלכם כולל תובנות ורגעי מפתח שהשפיעו על חייכם בצורה חיובית.

כמו כן, התלמידים עשויים למצוא עניין בכך שיש לנו בערך 60000 מחשבות ביום!

תזכורת של מטרות המפתח

לכל פרק שתי מטרות למידה רחבות: מודעות ואחריות לרווחה אישית. עם המיקוד המיוחד של פרק 1, מה אומרים לכם התלמידים שהם גילו?

ההתבוננות העצמית של הלומד יכולה למעשה להמריץ את הלמידה וההישגים אישיים. מרבית התלמידים יצליחו לראות את התוצאות הטבעיות של השיעורים כתופעות "רגילות" בחיי היום יום. אתם יכולים לסמוך שגם תלמידים המגיבים להיגדים בהערכה המקדימה ב-"לעיתים נדירות" יכולים להתקדם ל-"בדרך כלל". התקדמות כזו מתועדת על ידי השוואה בין ההערכה המקדימה להערכה המסכמת של התלמידים.

דיון בניסוי בסוף פרק 1

הזמינו את הילדים ל'נסות את זה בבית' ולדון בתוצאות עם הקבוצה כהקדמה לפרק 2. תיהנו!

מערך שיעור פרק 2 – מסיכות הביטחון העצמי

התחילו באוריינטציה: מצאו את הכיוון

כולנו רוצים להרגיש בטוחים. רגשות חוסר ביטחון יכולים להתבטא בדרכים רבות; הם לובשים מסיכות רבות ושונות. אם הראש שלכם מלא במחשבות שליליות, תרגישו חוסר ביטחון. במצב נפשי זה, אתם חווים מצבי רוח ירודים ובמקרים מסוימים אפילו דיכאון. אבל האחריות בידיכם. יש פתרון! יש לכם רצון חופשי לבחור לאילו מחשבות לשים לב או באילו מהן "להפיח חיים."

אם אתם פתוחים לזה, אתם באמת יכולים לראות מה קורה בתוככם. אתם תלמדו שאתם נמשכים לרגשות טובים ולמעשה אתם נמשכים למצב בטוח. כשהמחשבות השליליות שלכם מתפוגגות – כאשר אתם פשוט מאפשרים להן לחלוף –תחזרו לתחושת ביטחון טבעית ותיהנו יותר מהחיים. הבונוס הוא שתהיו מלאי הכרת תודה וזה בעצם מגביר את תחושת הביטחון שלכם. נערה אחת הסבירה: "המסווים לחוסר ביטחון הם המסכות שאנו לובשים כשאנו מרגישים לא בנוח ... לימוד שלושת העקרונות עזר לי להיות בטוחה יותר בעצמי ובמערכות היחסים שלי."

פרק זה משלים את הקדמת המפ"ש לבסיס העקרונות. אתם תחקרו את היחסים בין מחשבה, הרגשה ומצב נפשי בטוח, ותשתמשו באינטליגנציה ובחוכמה המולדת בכדי לתקשר את נקודות המבט החדשות לגבי מערכות היחסים שלכם.

יעדי למידה ומיומנויות

עם יעדי המפ"ש להגברת המודעות והאחריות לרווחה אישית, פרק 2 תומך בתלמידים בחקר הרלוונטיות והקשר לרעיונות ה"תמונה הגדולה", כמו לבחור על איזו מחשבה לפעול על-פי רווחתם שלהם עצמם ושל אחרים. פרק 2 מקדם גם את למידת התלמידים בתחומים רחבים אלה: מיומנויות שפה, תקשורת, בניית מערכות יחסים בריאות, אחריות חברתית, נחישות עצמית, חשיבה ורווחה אישית.

מטרות השיעור: סיפורו של ליאור

פרק 2 מכוון את התלמידים:

- להשיג הבנה של העקרונות היסודיים וכיצד הם פועלים מבפנים החוצה
- להקשיב, לשתף פעולה ולתקשר בצורה ברורה
- לקרוא ולצפות במקורות דיגיטליים כדי לחקור רעיונות
- ליצור טקסטים משמעותיים
- להתחבר לחמלה ולהיות הוגן
- לחוות יצירתיות

הזדמנויות למידה

פרק 2 נועד לעודד את התלמידים:

- להרחיב את הבנת העקרונות על-ידי:
  - גילוי את הקשר בין מחשבה לרגש
  - חווית ביטחון כשהם מתבוננים וסומכים על המדריך הפנימי שלהם
  - התייחסות לאחרים מהאינטליגנציה הטבעית הזו והחוכמה המולדת
- להשוות רעיונות עם ידע קודם וליצור הקשרים
- להרחיב ידע על ידי הקשבה לאחרים ועל ידי קריאה וצפייה במקורות דיגיטליים
- להסיק מסקנות ולהתחשב בנקודות מבט של אחרים
- להשתמש בשפה מדוברת על מנת להרחיב מיומנויות תקשורת
- לשתף את נקודת המבט שלהם
- ליצור טקסטים משמעותיים ולחדד אותם באוצר מילים משופר
- להיות יצירתיים

תוצאות הלמידה

בסוף השיעור של פרק 2, התלמידים יראו מיומנויות וידע חדשים מעבר לשיעורים בפרק 1, הכוללים:

- הבנת העקרונות כאשר הם
  - מבחינים במחשבות ורגשות
  - חווים ביטחון וחוסר ביטחון
- למידת שפה, כולל שיפור אוצר מילים בהקשבה ובדיבור
- יישום אסטרטגיות קריאה להבנת טקסט
- שיתוף נקודות מבט כדי להרחיב את החשיבה
- שימוש בשפה ברורה וכללי לשון נכונים בכתיבת רעיונות חדשים מתוך חקר והתבוננות ברעיונות "התמונה הגדולה".
- הבעת יצירתיות

קישורים למדיה דיגיטלית וקטעי וידאו

לפני שתמשיכו לקרוא, אנא גשו לאתר, myguideinside.com. חפשו את הקישורים לפרק זה. הם כוללים: מעבד תמלילים, אחסון בענן, משוב קולי, תמיכה בכתיבה, כלים ליצירת תמונות וכרזות, כמו גם קטעי וידאו. אלה יתנו לכם ולתלמידים שלכם את ההזדמנות לפעילויות מדיה דיגיטלית אלה: *התבוננו וכתבו רשומה ביומן, הגיבו לקטע וידאו , סכמו וצרו עבודה אמנות.* עם הדרכה, פעילויות אלה ייתנו לתלמידים שלכם אפשרויות לחלוק את עבודתם אתכם, עם הקבוצה, עם קהילת בית הספר ואולי גם עם הקהילה העולמית.

מדדים להערכת פעילויות השיעורים

מדדים להערכה המוצעים במדריך זה לפעילויות פרק 2: רשומות ביומן, תגובות לקטעי וידאו, סיכום ויצירת עבודת אמנות.

תזכורת של מטרות המפתח

לכל פרק יש שתי מטרות למידה רחבות: מודעות ואחריות לרווחה אישית. עם המיקוד המיוחד של פרק 2, מה אומרים לכם התלמידים שהם גילו?

דיון בניסוי בסוף פרק 2

הזמינו את הילדים ל'נסות את זה בבית' ולדון בתוצאות עם הקבוצה כהקדמה לפרק 3. תיהנו!

דרך אגב: זהו קטע וידאו אופציונאלי שאתם יכולים לבחור להראות לתלמידים – על פי שיקול דעתכם:

"את/ה לא בדיכאון, הפסק/י עם זה!" מאת פרינס אה (באורך 2:26 ד'). קישור לקטע וידאו זה ניתן למצוא בחלק מקורות המורים ב- myguideinside.com

https://www.youtube.com/watch?v=ykvC3QXJb18

מערך שיעור פרק 3 - 'פְּגוּדִימָה' וכיפית : הזהות האמיתית שלנו

התחילו באוריינטציה: מצאו את הכיוון

מי ומה שאנחנו בפנים זה מה שקובע! עם תובנה אחת גדולה, דוגמנית העל טיירה בנקס טבעה את המושג "פְּגוּדִימָה" – מדהימה אפילו עם פגמים – כאשר נמתחה עליה בקורת פומבית על כך שלא הייתה מושלמת פיזית.

לכולנו יש נטייה להיאחז במחשבות ביקורתיות לגבי הזהות שלנו. אנחנו נוטים להיות המבקרים הגרועים ביותר של עצמנו. שקלו כיצד התמקדות בפגמים ובביקורת עצמית מובילה לאומללות. שמתם לב שכאשר אתם מרוצים אתם לא עסוקים בלשפוט את עצמכם או אחרים? שיפוט הוא רק מחשבה. אם אתם מאפשרים לחשיבה אישית כזו לחלוף, המחשבה שלכם תתבהר. ואז קל לקבל שאתם, כמו כולם, 'פגודימים'. גם ספורטאים משתמשים בידע זה כדי להיות ב-"zone".

פועלות כאן סיבה ותוצאה הגיוניות: מחשבות שליליות יוצרות רגשות שליליים ומחשבות חיוביות יוצרות רגשות חיוביים. רצון חופשי פירושו שאתם בוחרים אילו מחשבות זוכות לתשומת ליבכם. יש הפוגה קומית בגילוי שהכל בראש. לדוגמא, אתם עשויים לחשוב שכולם צופים בכם, אבל לעיתים קרובות, כמו כולם, אתם פשוט מדמיינים את הקהל. נערה אחת שיתפה: "אני חווה תובנות כל הזמן – גדולות וקטנות. אני רואה דברים קרוב יותר לאיך שהם באמת, וזה פשוט כל כך מגניב. זה יגרום לכם להרגיש כל כך מאושרים וכל כך חופשיים. אני מוקירה רגעים כאלה, שבהם אני באמת רואה ללא פילטר. אני מוצאת שרגעים כאלה שווים את כל הטירוף."

פרק זה מעמיק את הבנת העקרונות על ידי חשיפת החוכמה הפנימית שלכם והצבעה על זהותכם האמיתית. המיקוד הוא בקשר ההגיוני של סיבה ותוצאה בין החשיבה האישית לרגשות, ועל הכוח שלכם לבחור להיאחז במחשבה או להרפות ממנה.

יעדי למידה ומיומנויות

עם יעדי המפ"ש להגברת המודעות והאחריות לרווחה אישית פרק 3 תומך בתלמידים בחקר הרלוונטיות והקשר לרעיונות "התמונה הגדולה", כמו הבנת סיבה ותוצאה: מחשבה יוצרת הרגשה, וגם הגברת המודעות למחשבה. פרק 3 מקדם גם את למידת התלמידים בתחומים רחבים אלה: מיומנויות שפה, תקשורת, בניית מערכות יחסים בריאות, אחריות חברתית, נחישות עצמית, חשיבה ורווחה אישית.

מטרות השיעור: סיפורה של דנה

פרק 3 מכוון את התלמידים:

- להשיג הבנה של העקרונות היסודיים העומדים מאחורי זהותם האמיתית
- להקשיב, לשתף פעולה ולתקשר בצורה ברורה
- לקרוא ולצפות במקורות דיגיטליים כדי לחקור רעיונות

- לחוות יצירתיות וליצור טקסטים משמעותיים
- להיות מלאי גמישות וחוסן
- להראות פרספקטיבה ואמפטיה

הזדמנויות למידה

פרק 3 נועד לעודד את התלמידים:

- להשיג הבנה של העקרונות במובנים של:
  - קשר הסיבה והתוצאה בין חשיבה והרגשה אישית
  - כוח הבחירה לשחרר מחשבות אישיות שליליות ולגלות מה הן באמת
  - מודעות לרווחה אישית
- לתקשר בעל-פה
- להשוות רעיונות עם ידע קודם וליצור הקשרים
- להרחיב ידע על ידי הקשבה לאחרים ועל ידי קריאה וצפייה במקורות דיגיטליים
- להסיק מסקנות ולהתחשב בנקודות מבט של אחרים
- לשתף את נקודת המבט שלהם
- ליצור טקסטים משמעותיים ולחדד אותם באוצר מילים משופר
- להיות יצירתיים

תוצאות הלמידה

בסוף השיעור של פרק 3, התלמידים יראו מיומנויות וידע באמצעות:

- הבנת העקרונות כדי
  - לתרגל בחירה בהקשר של אילו מחשבות לשחרר או לשמור
  - להירגע לתוך בריאות טבעית ורווחה אישית
- למידת שפה, כולל שיפור אוצר מילים בהקשבה ובדיבור
- יישום אסטרטגיות קריאה להבנת טקסט
- שיתוף נקודות מבט כדי להרחיב את החשיבה
- שימוש בשפה ברורה וכללי לשון נכונים בכתיבת רעיונות חדשים מתוך חקר והתבוננות ברעיונות "התמונה הגדולה"
- הבעת יצירתיות

קישורים למדיה דיגיטלית וקטעי וידאו

לפני שתמשיכו לקרוא, אנא גשו לאתר, myguideinside.com. חפשו את הקישורים לפרק זה. הם כוללים: מעבד תמלילים, אחסון בענן, משוב קולי, תמיכה בכתיבה, כלים ליצירת תמונות וכרזות, כמו גם קטעי וידאו. אלה יתנו לכם ולתלמידים שלכם את ההזדמנות לפעילויות מדיה דיגיטלית אלה: *התבוננו וכתבו רשומה ביומן, הגיבו לקטע וידאו*, *צרו רשימת חוויות בריאות, עדכנו את עמוד הפרופיל וצרו עבודה אמנות.* עם הדרכה, פעילויות אלה ייתנו לתלמידים שלכם אפשרויות לחלוק את עבודתם אתכם, עם הקבוצה, עם קהילת בית הספר ואולי גם עם הקהילה העולמית.

מדדים להערכת פעילויות השיעורים

מדדים להערכה המוצעים במדריך זה לפעילויות פרק 3: רשומות ביומן, תגובות לקטעי וידאו, רשימת חוויות בריאות, עדכון עמוד פרופיל ועבודת אמנות.

תזכורת של מטרות המפתח

לכל פרק יש שתי מטרות למידה רחבות: מודעות ואחריות לרווחה אישית. עם המיקוד המיוחד של פרק 3, מה אומרים לכם התלמידים שהם גילו?

דיון בניסוי בסוף פרק 3

הזמינו את הילדים ל'נסות את זה בבית' ולדון בתוצאות עם הקבוצה כהקדמה לפרק 4. תיהנו!

מערך שיעור פרק 4 - החיים מתקיימים בהווה, החיים בעבר הם אבק

התחילו באוריינטציה: מצאו את הכיוון

לאנשים רבים התחלה קשה בחיים בגלל נסיבות שמעבר לשליטתם. הם עשויים להרגיש מבולבלים וכועסים, מתוך מחשבה שאין להם ברירה אחרת. "ככה החיים תמיד יהיו בשבילי."

האם אי פעם התייחסו אליכם באמפטיה וחמלה? מה קרה?

מערכת יחסים אכפתית יכולה לגרום לסדק בשריון אפילו של בני הנוער הקשוחים ביותר החיים עם פחד וחוסר אמון. אפילו רק פתח זעיר מכין כל אחד לתובנה לגבי היופי של העצמי האמיתי שלהם, שהוא תמיד בריא ולא פגום. אלה שעברו תקופות קשות ומקבלים את המבט החדש הזה על עצמם הם חופשיים ואסירי תודה. הם מוצאים חוכמה פנימית והופכים בהכרח לדוגמא עוצמתית ומנטורים לאחרים.

***המדריך הפנימי** שלנו עוזר לכולנו לראות את החיים מנקודת מבט ניטרלית, בטוחה ומלאה בחוכמה ושמחה. כמו שנער אחד אומר: "אין לנו את הכוח לבחור את החיים שאנו נולדים לתוכם, אבל יש לנו את הכוח ליצור את חווית החיים שלנו... החיים הם פסנתר ... יש לכם הזדמנות לכתוב את המוסיקה שלכם. המחשבות שלכם יוצרות את סיפור חייכם. אתם המלחינים. בחרו את התווים שלכם בחוכמה!"*

פרק זה מדגיש שיש לנו את היכולת האנושית הטבעית לאינטואיציה ולתובנות, המגבירות את הרווחה האישית. המיקוד הוא בגילוי שנסיבות קשות אינן קובעות את חווית החיים וכי מערכות יחסים איכפתיות עשויות לעודד תובנות משנות-חיים אצל אחרים.

יעדי למידה ומיומנויות

עם יעדי המפ"ש להגברת המודעות והאחריות לרווחה אישית, פרק 4 תומך בתלמידים בחקר הרלוונטיות והקשר לרעיונות "התמונה הגדולה", כמו בחירת המדריך הפנימי שלהם לשם בקרת דחפים ולוויסות התנהגות ביעילות. פרק 4 מקדם גם את למידת התלמידים בתחומים רחבים אלה: מיומנויות שפה, תקשורת, בניית מערכות יחסים בריאות, אחריות חברתית, נחישות עצמית, וויסות עצמי וחשיבה ורווחה אישית.

מטרות השיעור: סיפורו של דותן

פרק 4 מכוון את התלמידים:

- להשיג הבנה של העקרונות היסודיים העומדים מאחורי תובנות המגבירות את הרווחה האישית
- להקשיב, לשתף פעולה ולתקשר בצורה ברורה
- לקרוא ולצפות במקורות דיגיטליים כדי לחקור רעיונות
- ליצור טקסטים משמעותיים
- להניע את עצמם ולעבוד להשגת הצלחה

- להראות פרספקטיבה ואמפטיה

הזדמנויות למידה

פרק 4 נועד לעודד את התלמידים:

- להשיג הבנה של העקרונות במובנים של:
  - הבנה שלכל אחד יש את היכולת לתובנות ואינטואיציה למרות נסיבות חיים
  - הבעת אכפתיות ואמפטיה לאחרים המתמודדים עם קשיים בחיים
  - ידיעה שלתובנות מהמדריך הפנימי יש כוח לשנות כל חווית חיים
- לתקשר בעל-פה
- להשוות רעיונות עם ידע קודם, לדון במשמעות השפה וליצור הקשרים
- להרחיב ידע על ידי הקשבה לאחרים ועל ידי קריאה וצפייה במקורות דיגיטליים
- להסיק מסקנות ולהתחשב בנקודות מבט של אחרים
- להיות בטוחים ולהראות אופטימיות
- להיות הוגנים ולהראות חמלה
- ליצור טקסטים משמעותיים ולחדד אותם באוצר מילים משופר
- להיות יצירתיים

תוצאות הלמידה

בסוף השיעור של פרק 4, התלמידים יראו מיומנויות וידע באמצעות:

- הבנת העקרונות כאשר
  - מתמודדים עם נסיבות חיים קשות
  - מביעים יחס אכפתי לאחרים במצוקה
- למידת שפה, כולל שיפור אוצר מילים בהקשבה ובדיבור
- יישום אסטרטגיות קריאה להבנת טקסט
- שיתוף נקודות מבט כדי להרחיב את החשיבה
- שימוש בשפה ברורה וכללי לשון נכונים בכתיבת רעיונות חדשים מתוך חקר והתבוננות ברעיונות "התמונה הגדולה"
- הבעת יצירתיות

קישורים למדיה דיגיטלית וקטעי וידאו

לפני שתמשיכו לקרוא, אנא גשו לאתר, myguideinside.com. חפשו את הקישורים לפרק זה. הם כוללים: מעבד תמלילים, אחסון בענן, משוב קולי, תמיכה בכתיבה, כלים ליצירת תמונות וכרזות, כמו גם קטעי וידאו. אלה יתנו לכם ולתלמידים שלכם את ההזדמנות לפעילויות מדיה דיגיטלית האלה: *התבוננו וכתבו רשומה ביומן, הגיבו לקטע וידאו, הוסיפו לסיפור, כתבו שיר, צרו עבודה אמנות ודקלמו שיר*. עם הדרכה, פעילויות אלה ייתנו לתלמידים שלכם אפשרויות לחלוק את עבודתם אתכם, עם הקבוצה, עם קהילת בית הספר ואולי גם עם הקהילה העולמית.

מדדים להערכת פעילויות השיעורים

מדדים להערכה המוצעים במדריך זה לפעילויות פרק 4: רשומות ביומן, תגובות לקטעי וידאו, הוספה לסיפור, כתיבת שיר, עבודת אמנות ודקלום שיר.

תזכורת של מטרות המפתח

לכל פרק יש שתי מטרות למידה רחבות: מודעות ואחריות לרווחה אישית. עם המיקוד המיוחד של פרק 4, מה אומרים לכם התלמידים שהם גילו?

דיון בניסוי בסוף פרק 4

הזמינו את הילדים ל'נסות את זה בבית' ולדון בתוצאות עם הקבוצה כהקדמה לפרק 5. תיהנו!

מערך שיעור פרק 5 - הבנת "החושבים האבודים"

התחילו באוריינטציה: מצאו את הכיוון

*לעיתים כולנו "חושבים אבודים". לפעמים אנו מתנהגים בתוקפנות ובמצבים אחרים אנו מרגישים כקורבנות. למעשה, המשותף למצבים אלה הוא רק בעיה אחת – **מחשבות מוטעות**. כולנו שמים לב, מדי פעם, למחשבות מוטעות. אתם או חברכם עשויים להרגיש לחץ חברתי להיות "מישהו אחר", להתנהג באופן מסוים או לפעול בצורה כלשהי. הפתרון הוא להקשיב **למדריך הפנימי** שלכם - החוכמה הפנימית המולדת - כדי להשיג הבנה מדויקת יותר.*

כל אחד מאיתנו משתייך לכמה קבוצות או מיני תרבויות. לא כל חבר בקבוצה עשוי להיות חלק ישיר מבעיה חברתית אבל כל אחד יכול להיות חלק מהפתרון. יתכן שאתם באופן אישי לא מתמודדים עם קושי אבל אתם יכולים להבחין בצורה ברורה שמישהו אחר חווה קושי. החוכמה שלכם יכולה לעזור לכם להבין כיצד לתמוך בבני גילכם העומדים בפני אתגרים. אף אחד לא צריך לחיות בצללים. אתם יכולים לדעת באופן טבעי כיצד להתייחס למישהו בעידוד, בטוב לב ובכבוד. אפילו קצת תמיכה יכולה להועיל במידה רבה.

כמו שנערה אחת כתבה: "כשאנו מתייחסים ממקום של אכפתיות והבנה במקום כעס ונקמה, אנו נותנים לאחרים את האפשרות להרפות מדפוסי מחשבה שליליים היוצרים את חייהם הלא נעימים. זה יוצר באופן טבעי עולם קל יותר לכולם."

פרק זה יוצר עבורכם הזדמנויות לראות את עצמכם מדי פעם כ"חושבים אבודים" ולהשתמש בשכל ישר ובהתבוננות כדי לחוות חשיבה חדשה. דבר זה משפר את מיומנויות התקשורת ומגביר אחריות חברתית ודיגיטלית.

יעדי למידה ומיומנויות

עם יעדי המפ"ש להגברת המודעות והאחריות לרווחה אישית, פרק 5 תומך בתלמידים בחקר הרלוונטיות והקשר לרעיונות "התמונה הגדולה", כמו בחירה לאילו מחשבות לשים לב וזיהוי מחשבות ורגשות בריאים. פרק 5 מקדם גם את למידת התלמידים בתחומים רחבים אלה: מיומנויות שפה, תקשורת, בניית מערכות יחסים בריאות, אחריות חברתית, זהות אישית ותרבותית חיובית, נחישות עצמית, וויסות עצמי וחשיבה ורווחה אישית.

מטרות השיעור: סיפורן של שרה ורינה

פרק 5 מכוון את התלמידים:

- להשיג הבנה של העקרונות היסודיים העומדים מאחורי "ללכת לאיבוד במחשבה"
- להקשיב, לשתף פעולה ולתקשר בצורה ברורה
- לקרוא ולצפות במקורות דיגיטליים כדי לחקור רעיונות
- להרחיב את התקשורת וליצור טקסטים משמעותיים
- להיות בטוחים בעצמם ולהיות מליצי יושר של עצמם

- להגיב כראוי לאפליה והטרדות
- לגשת לידע כדי לתמוך בהחלטות בריאות ולהבין מהו ביטחון אישי
- להראות פרספקטיבה ואמפטיה
- להראות פעולות כוללניות ולתרום לקהילה

הזדמנויות למידה

פרק 5 נועד לעודד את התלמידים:

- להשיג הבנה של העקרונות במובנים של:
  - הבנת הידע שלהם על ידי התבוננות ותגובה בשכל ישר והיגיון בריא
  - מציאת רעיונות חדשים ותובנות מובילים לחשיבה ורגשות בריאים, המובילים באופן טבעי להתנהגות אחראית
- להשוות רעיונות עם ידע קודם, לדון במשמעות השפה וליצור הקשרים
- לתקשר בעל-פה
- להרחיב ידע על ידי הקשבה לאחרים ועל ידי קריאה וצפייה במקורות דיגיטליים
- להסיק מסקנות ולהתחשב בנקודות מבט של אחרים
- לשתף את נקודת המבט שלהם
- ליצור טקסטים משמעותיים ולחדד אותם באוצר מילים משופר
- להיות יצירתיים

תוצאות הלמידה

בסוף השיעור של פרק 5, התלמידים יראו מיומנויות וידע באמצעות:

- הבנת העקרונות
  - להשיג מחדש רווחה אישית עם התבוננות על ידי האזנה למדריך הפנימי
  - להשתמש בשכל ישר כדי לפעול באחריות במערכות יחסים חברתיות ודיגיטליות
- למידת שפה, כולל שיפור אוצר מילים בהקשבה ובדיבור
- יישום אסטרטגיות קריאה להבנת טקסט
- שיתוף נקודות מבט כדי להרחיב את החשיבה
- שימוש בשפה ברורה וכללי לשון נכונים בכתיבת רעיונות חדשים מתוך חקר והתבוננות ברעיונות "התמונה הגדולה"
- הבעת יצירתיות

קישורים למדיה דיגיטלית וקטעי וידאו

לפני שתמשיכו לקרוא, אנא גשו לאתר, myguideinside.com חפשו את הקישורים לפרק זה. הם כוללים: מעבד תמלילים, אחסון בענן, משוב קולי, תמיכה בכתיבה, כלים ליצירת תמונות וכרזות, כמו גם קטעי וידאו. אלה יתנו לכם ולתלמידים שלכם את ההזדמנות לפעילויות מדיה דיגיטלית האלה: *התבוננו וכתבו רשומה ביומן, הגיבו לקטע וידאו, צרו תשדיר שירות ציבורי, צרו בלוג וצרו כרזה.* עם הדרכה, פעילויות אלה ייתנו לתלמידים שלכם אפשרויות לחלוק את עבודתם אתכם, עם הקבוצה, עם קהילת בית הספר ואולי גם עם הקהילה העולמית.

מדדים להערכת פעילויות השיעורים

מדדים להערכה המוצעים במדריך זה לפעילויות פרק 5: רשומות ביומן, תגובות לקטעי וידאו, תשדיר שירות, בלוג וכרזה.

תזכורת של מטרות המפתח

לכל פרק יש שתי מטרות למידה רחבות: מודעות ואחריות לרווחה אישית. עם המיקוד המיוחד של פרק 5, מה אומרים לכם התלמידים שהם גילו?

דיון בניסוי בסוף פרק 5

הזמינו את הילדים ל'נסות את זה בבית' ולדון בתוצאות עם הקבוצה כהקדמה לפרק 6. תיהנו!

דרך אגב: זהו קטע וידאו אופציונאלי שאתם יכולים לבחור להראות לתלמידים – על פי שיקול דעתכם:

"משתמש פייסבוק יקר וכועס, זה בשבילך"!" מאת פרינס אה (באורך 4:01 ד')

קישור לקטע וידאו זה ניתן למצוא בחלק מקורות המורים ב- myguideinside.com

https://www.youtube.com/watch?v=RJxOyow7rGw

מערך שיעור פרק 6 - לפנות מקום לאושר

התחילו באוריינטציה: מצאו את הכיוון

אתם יכולים להיפטר ממחשבות שליליות שמונעות מכם לחיות בהווה. יש לכם רצון חופשי לנווט בחיים רגע אחרי רגע. תובנה יכולה להתרחש בכל עת; עם זאת, מצב נפשי רגוע מייצר באופן טבעי תובנות מועילות. עם חוכמה פנימית כמדריך, תוכלו לחוות אושר.

האם אתם יודעים שהעבר הוא רק מחשבה שאתם בוחרים להסיע בזמן? העבר הוא הזיכרון שלכם. אתם מחליטים מה אתם עושים איתו באופן טבעי. כשאתם מתחילים ללמוד ולהבין את ההיגיון של האופן בו נוצרת החוויה שלכם / המציאות שלכם, תבחינו בשינוי שחל בכם. הזיכרונות שלכם מתחילים להשתנות ככל שיש לכם תובנות חדשות. בדרך זו אתם משיגים הבנה עמוקה ועשירה יותר של החיים. וההפתעה הגדולה מכולן היא שתגלו שבאמת יש לכם רגשות בריאים יותר כלפי עצמכם וגם כלפי אחרים. החדשות הטובות באמת הן שההבנה שלכם לגבי הטבע הזה של מבפנים-החוצה פשוט ממשיכה לצמוח.

כמו שנערה אחת כותבת: "אנו לומדים לא לאפשר למחשבות השליליות שלנו לשלוט בנו. אנו יכולים לפתוח את ליבנו ולאפשר למחשבות חיוביות לעלות."

בפרק זה, אנו משתמשים באינטליגנציה פנימית כדי להשיג נקודת מבט בריאה על חוויות העבר. המיקוד הוא בהיגיון של איך נוצרת חוויה אישית על יד החשיבה שלנו. כתוצאה מכך, במצב נפשי רגוע, אנו מגלים מחשבות ורגשות בריאים כלפי עצמינו וכלפי אחרים, ואנו מתווכים את הרעיונות שלנו ביעילות לאחרים.

יעדי למידה ומיומנויות

עם יעדי המפ"ש להגברת המודעות והאחריות לרווחה אישית פרק 6 תומך בתלמידים בחקר הרלוונטיות והקשר לרעיונות "התמונה הגדולה", כמו לאפשר למחשבה חדשה להגיח. פרק 6 מקדם גם את למידת התלמידים בתחומים רחבים אלה: מיומנויות שפה, תקשורת, בניית מערכות יחסים בריאות, אחריות חברתית, נחישות עצמית, וויסות עצמי וחשיבה ורווחה אישית.

מטרות השיעור: סיפורן של קרן ולילי

פרק 6 מכוון את התלמידים:

- להשיג הבנה של העקרונות היסודיים המובילים לנקודת מבט בריאה על העבר
- להקשיב, לשתף פעולה ולתקשר בצורה ברורה
- לקרוא ולצפות במקורות דיגיטליים כדי לחקור רעיונות
- להרחיב את התקשורת וליצור טקסטים משמעותיים
- להיות הוגן, להראות פרספקטיבה ואמפטיה

- להראות אופטימיות

הזדמנויות למידה

פרק 6 נועד לעודד את התלמידים:

- להשיג הבנה של העקרונות במובנים של:
  - גילוי ההיגיון כיצד נוצרת חוויה אישית על ידי חשיבה אישית
  - חווית היתרונות של מצב נפשי רגוע המוביל לנקודות מבט חדשות
- להשוות רעיונות עם ידע קודם וליצור הקשרים
- לתקשר בעל-פה
- להרחיב ידע על ידי הקשבה לאחרים ועל ידי קריאה וצפייה במקורות דיגיטליים
- להסיק מסקנות ולהתחשב בנקודות מבט של אחרים
- לשתף את נקודת המבט שלהם
- ליצור טקסטים משמעותיים ולחדד אותם באוצר מילים משופר
- לסנתז טקסטים כדי ליצור תובנה
- להיות יצירתיים
-

תוצאות הלמידה

בסוף השיעור של פרק 6, התלמידים יראו מיומנויות וידע באמצעות:

- הבנת העקרונות כאשר
  - מאזינים למדריך הפנימי בזמן שמתבוננים בחוויות העבר
  - נהנים מהחיים וממערכות יחסים מנקודת התצפית החדשה הזו
- למידת שפה, כולל שיפור אוצר מילים בהקשבה ובדיבור
- יישום אסטרטגיות קריאה להבנת טקסט
- שיתוף נקודות מבט כדי להרחיב את החשיבה
- שימוש בשפה ברורה וכללי לשון נכונים בכתיבת רעיונות חדשים מתוך חקר והתבוננות ברעיונות "התמונה הגדולה"
- הבעת יצירתיות

קישורים למדיה דיגיטלית וקטעי וידאו

לפני שתמשיכו לקרוא, אנא גשו לאתר, myguideinside.com. חפשו את הקישורים לפרק זה. הם כוללים: מעבד תמלילים, אחסון בענן, משוב קולי, תמיכה בכתיבה, כלים ליצירת תמונות וכרזות, כמו גם קטעי וידאו. אלה יתנו לכם ולתלמידים שלכם את ההזדמנות לפעילויות מדיה דיגיטלית האלה: *התבוננו וכתבו רשומה ביומן, הגיבו לקטע וידאו, כתיבה משכנעת, פרופיל עתידי, התנדבות וסקירת מילות שיר*. עם הדרכה, פעילויות אלה ייתנו לתלמידים שלכם אפשרויות לחלוק את עבודתם אתכם, עם הקבוצה, עם קהילת בית הספר ואולי גם עם הקהילה העולמית.

מדדים להערכת פעילויות השיעורים

מדדים להערכה המוצעים במדריך זה לפעילויות פרק 6: רשומות ביומן, תגובות לקטעי וידאו, כתיבה משכנעת, פרופיל עתידי, התנדבות וסיקור מילות שיר.

תזכורת של מטרות המפתח

לכל פרק יש שתי מטרות למידה רחבות: מודעות ואחריות לרווחה אישית. עם המיקוד המיוחד של פרק 6, מה אומרים לכם התלמידים שהם גילו?

דיון בניסוי בסוף פרק 6

הזמינו את הילדים ל'נסות את זה בבית' ולדון בתוצאות עם הקבוצה כהקדמה לפרק 7. תיהנו!

מערך שיעור פרק 7 - לפנות לעתיד במצב של רווחה נפשית

התחילו באוריינטציה: מצאו את הכיוון

אתם יכולים להסתכל לעתיד בתקווה. זה נכון. חוכמה פנימית זמינה בכל עת ואתם תראו שדאגה, חרדה ותחושת הצפה הן מחשבות מיותרות שמסיחות את דעתכם מהצלחה. אין שום היגיון בשימוש במחשבות שלכם נגד עצמכם! אושר, רווחה ותחושת ביטחון הולכים יד ביד. גישה טובה היא תוצאה של הבנת היגיון שלושת העקרונות.

כמו שנער אחד מייעץ: "זה כמו עם גלולת סוכר [פלציבו]. אם אתם חושבים שתרגישו חוסר ביטחון, אז כך תרגישו. אם תתגברו על זה, אז הכל ילך לכם בסדר, כי מעבר לכך מדובר רק ביכולת הפיזית לבצע את העבודה. רק חשבו על כל מי שעבר את אותם מכשולים והצליח - הם לא שונים מכם בהרבה."

בפרק זה, אנו מוצאים תקווה, אושר ורווחה נפשית. המיקוד הוא על הגילוי שלמידת משוואת שלושת העקרונות גורמת לתוצאה הטבעית של גישה חיובית. דאגה, חרדה והצפה הופכות להסחת דעת מיותרת.

יעדי למידה ומיומנויות

עם יעדי המפ"ש להגברת המודעות והאחריות לרווחה אישית, פרק 7 תומך בתלמידים לקחת אחריות הולכת וגוברת לרווחתם האישית, לאושרם ולהצלחתם. פרק 7 מקדם גם את למידת התלמידים בתחומים רחבים אלה: מיומנויות שפה, תקשורת, בניית מערכות יחסים בריאות, אחריות אישית, נחישות עצמית, וויסות עצמי וחשיבה ורווחה אישית.

מטרות השיעור: סיפורו של בני

פרק 7 מכוון את התלמידים:

- להשיג הבנה של העקרונות היסודיים המובילים לאושר ולרווחה אישית
- להקשיב, לשתף פעולה ולתקשר בצורה ברורה
- לקרוא ולצפות במקורות דיגיטליים כדי לחקור רעיונות
- להרחיב את התקשורת וליצור טקסטים משמעותיים
- להיות מלאי גמישות וחוסן
- להיות בטוחים ומודעים לעוצמות
- להראות אופטימיות וגישה טובה

הזדמנויות למידה

פרק 7 נועד לעודד את התלמידים:

- להשיג הבנה של העקרונות על ידי:
  - לימוד משוואת שלושת העקרונות
  - הגילוי שגישה טובה הינה תוצאה טבעית של חיים מתוך עקרונות אלה
- להשוות רעיונות עם ידע קודם וליצור הקשרים

- לתקשר בעל-פה
- להרחיב ידע על ידי הקשבה לאחרים ועל ידי קריאה וצפייה במקורות דיגיטליים
- להסיק מסקנות ולהתחשב בנקודות מבט של אחרים
- לשתף את נקודת המבט שלהם
- ליצור טקסטים משמעותיים ולחדד אותם באוצר מילים משופר
- לסנתז טקסטים כדי ליצור תובנה
- להיות יצירתיים

תוצאות הלמידה

בסוף השיעור של פרק 7, התלמידים יראו מיומנויות וידע באמצעות:

- הבנת העקרונות כאשר
  - חופשיים מחרדות, דאגות והצפות רגשיות
  - נהנים מגישה טובה
  - חווים תקווה
- למידת שפה, כולל שיפור אוצר מילים בהקשבה ובדיבור
- יישום אסטרטגיות קריאה להבנת טקסט
- שיתוף נקודות מבט כדי להרחיב את החשיבה
- שימוש בשפה ברורה וכללי לשון נכונים בכתיבת רעיונות חדשים מתוך חקר והתבוננות ברעיונות "התמונה הגדולה"
- הבעת יצירתיות

קישורים למדיה דיגיטלית וקטעי וידאו

לפני שתמשיכו לקרוא, אנא גשו לאתר, myguideinside.com. חפשו את הקישורים לפרק זה. הם כוללים: מעבד תמלילים, אחסון בענן, משוב קולי, תמיכה בכתיבה, כלים ליצירת תמונות וכרזות, כמו גם קטעי וידאו. אלה יתנו לכם ולתלמידים שלכם את ההזדמנות לפעילויות מדיה דיגיטלית האלה: *התבוננו וכתבו רשומה ביומן, הגיבו לקטע וידאו, פסטיבל שיתופים, דוח על ראיון, וצרו נושא חלומי*. עם הדרכה, פעילויות אלה ייתנו לתלמידים שלכם אפשרויות לחלוק את עבודתם אתכם, עם הקבוצה, עם קהילת בית הספר ואולי גם עם הקהילה העולמית.

מדדים להערכת פעילויות השיעורים

מדדים להערכה המוצעים במדריך זה לפעילויות פרק 7: רשומות ביומן, תגובות לקטעי וידאו, פסטיבל שיתופים, דוח על ראיון, נושא חלומי.

תזכורת של מטרות המפתח

לכל פרק יש שתי מטרות למידה רחבות: מודעות ואחריות לרווחה אישית. עם המיקוד המיוחד של פרק 7, מה אומרים לכם התלמידים שהם גילו?

דיון בניסוי בסוף פרק 7

הזמינו את הילדים ל'נסות את זה בבית' ולדון בתוצאות עם הקבוצה כהקדמה לפרק 8. תיהנו!

מערך שיעור פרק 8 - הגדרת הנתיב האישי שלכם

התחילו באוריינטציה: מצאו את הכיוון

מזל טוב! אתם מוכנים לחזור על השעורים החשובים ביותר כדי להיות מוכנים לחיים הטובים ביותר שאפשר. זכרו מה שאתם כבר יודעים:

***המדריך הפנימי** שלכם הוא חוכמה פנימית. אושר הוא מצב נפשי, ומציאויות נפרדות פירושן שכולנו רואים את העולם בדרך הייחודית לנו. תוכלו לחוות יותר ביטחון אם תרפו ממחשבות חסרות ביטחון.*

מצבי רוח פשוט נגרמים על ידי מחשבות שאתם נאחזים בהן. מצבי רוח משתנים באופן טבעי כשהחשיבה שלכם משתנה וזורמת. תפסיקו לשים לב לחשיבה מלחיצה או שלילית, ובסופו של דבר תמצאו את עצמכם ב"zone" בפרקי זמן ארוכים יותר. יתר על כן, העבר – עבר. מכיוון שהעבר קשור לחשיבה שלכם, תשומת לב לתובנות שלכם מנחה אתכם לחוכמה טבעית ושמחה. היו עדינים כלפי עצמכם ואחרים כאשר "החשיבה האבודה" הזמנית נראית אמיתית. זכרו, כשאתם רגועים קל יותר להבחין בתובנות ולהרפות מחשיבה לא מועילה. פרספקטיבה חדשה תמיד תופיע. לא משנה מה, דאגה אינה מועילה ומצב נפשי רגוע מייצר באופן טבעי גישה טובה.

בפרק האחרון, אתם מוזמנים למזג את הלמידה שלכם ולהבין שצמיחה מתרחשת לאורך כל חייכם. פרק זה מתמקד בלזכור את מה שכבר למדתם כשאתם ממשיכים בחייכם. אנו מעודדים אתכם לנצל את פעילויות המולטימדיה הנהדרות. חלק אחרון זה מזמין אתכם ליצור, לשתף ולהנות מההבנה שלכם את המדריך הפנימי.

יעדי למידה ומיומנויות

עם יעדי המפ"ש להגברת המודעות והאחריות לרווחה אישית, פרק אחרון זה מקדם את הלמידה בתחומים רחבים אלה: מיומנויות שפה, תקשורת, בניית מערכות יחסים בריאות, אחריות חברתית, זהות אישית ותרבותית חיובית, נחישות עצמית, וויסות עצמי וחשיבה ורווחה אישית.

מטרות השיעור:

פרק 8 מכוון את התלמידים:

- לעשות סינתזה של הבנת העקרונות כולל, אך לא מוגבל, ל:
  - החשיבות של לתת למחשבה חדשה להגיח
  - לראות שחכמתם הפנימית – המדריך הפנימי שלהם – יכולה לעזור להם לנווט בחיים (24/7/356)
  - שלהיות מודעים יותר ויותר למחשבות ולפעולות מגדיל באופן טבעי את רווחתם האישית ואחריותם.
- להקשיב, לשתף פעולה ולתקשר בצורה ברורה

- לקרוא ולצפות במקורות דיגיטליים כדי לחקור רעיונות
- להרחיב את התקשורת וליצור טקסטים משמעותיים
- להיות בטוחים ומודעים לעוצמות
- להבין שאת זהותם החיובית שלהם ניתן לסמל כמטאפורה
- להבין שזהותם האישית מתפתחת ככל שהם משיגים הבנה של כוח המחשבה
- לזהות אנשים היכולים לתמוך בהם וכן לראות שהם יכולים גם להגיש עזרה
- לעקוב אחר ההתקדמות של עצמם

הזדמנויות למידה

פרק 8 נועד לעודד את התלמידים:

- לחיות מתוך הבנת העקרונות במטרה:
  - לחוות אושר, הצלחה אקדמית ומערכות יחסים בריאות
  - לעקוב אחר המדריך הפנימי שלהם כדי שתהיה להם גישה לרעיונות חדשים ותובנות המשפרים חיים
- להשוות רעיונות עם ידע קודם וליצור הקשרים
- לתקשר בעל-פה
- להרחיב ידע על ידי הקשבה לאחרים ועל ידי קריאה וצפייה במקורות דיגיטליים
- להסיק מסקנות ולהתחשב בנקודות מבט של אחרים
- לשתף את נקודת המבט שלהם
- ליצור טקסטים משמעותיים ולחדד אותם באוצר מילים משופר
- לסנתז טקסטים כדי ליצור תובנה
- להיות יצירתיים

תוצאות הלמידה

בסוף השיעור של פרק 8, התלמידים יראו מיומנויות וידע באמצעות:

- הצגת ביטחון בהבנת העקרונות כדי:
  - לתמוך ברווחה אישית
  - לאפשר מערכות יחסים בריאות עם אחרים
  - להבין אחריות חברתית ודיגיטלית אופטימלית
  - לתקשר בצורה משמעותית ויעילה
  - למקסם בריאות נפשית אישית ואיכות חיים
- למידת שפה, כולל שיפור אוצר מילים בהקשבה ובדיבור
- יישום אסטרטגיות קריאה להבנת טקסט
- שיתוף נקודות מבט כדי להרחיב את החשיבה
- שימוש בשפה ברורה וכללי לשון נכונים בכתיבת רעיונות חדשים מתוך חקר והתבוננות ברעיונות "התמונה הגדולה"
- הבעת יצירתיות

קישורים למדיה דיגיטלית וקטעי וידאו

לפני שתמשיכו לקרוא, אנא גשו לאתר, myguideinside.com. כשאתם שם, חפשו את הקישורים לפרק זה. הם כוללים: מעבד תמלילים, אחסון בענן, משוב קולי, תמיכה בכתיבה, כלים ליצירת תמונות וכרזות, כמו גם קטעי וידאו. אלה יתנו לכם ולתלמידים שלכם את ההזדמנות לבצע פעילויות מדיה דיגיטלית האלה: *התבוננו וכתבו רשומה ביומן, צרו "מפת שייכות" וצרו מטאפורה.* עם הדרכה, פעילויות אלה ייתנו לתלמידים שלכם אפשרויות לחלוק את עבודתם אתכם, עם הקבוצה, עם קהילת בית הספר ואולי גם עם הקהילה העולמית.

מדדים להערכת פעילויות השיעורים

מדדים להערכה המוצעים במדריך זה לפעילויות פרק 8: רשומות ביומן, מפת שייכות ומטאפורה אישית.

הערכות מסכמות

בקשו מהתלמידים להשלים את טופס ההערכה המסכמת. בקשו מהם להשוות בין ההערכה המקדימה והמסכמת שלהם ולדון בתחושת ההתקדמות שלהם. הם יכולים לעשות זאת באופן פרטי אתכם או עם הכיתה לפי הצורך. ההערכות מאפשרות לתלמידים ולמורה לעקוב אחרי התקדמותם האישית.

השלימו את "תצפיות הבזק" של המורה על כל תלמיד בסוף השיעור האחרון. חשוב לשתף את "תצפיות הבזק" הסופיות שלכם עם הנהלת בית ספרכם וקובעי המדיניות. שאלות אלה הן דאגות נפוצות וצמיחה בתחומים אלה משפיעה על השימוש של ***המפ"ש*** בעתיד או כאשר מפנים תלמיד ספציפי לתוכנית הזו. תנו לכל תלמיד, כמו גם לכיתה כולה, משוב – עדות אותנטית על ההישגים שלהם במודעות והבנה שנוכחתם להם.

סיימו בחגיגה!

מילה אחרונה למורים

לאחר שסיימתם את התוכנית הזו, הקדישו זמן להתבוננות על מה שעבד או לא עבד ומה תוכלו לנסות בעתיד. שימו לב במיוחד למה שחוכמתכם מגלה לכם על חווית ההוראה שלכם עם ***המדריך הפנימי שלי.*** כיצד היא השפיעה לא רק על התלמידים שלכם, אבל גם עליכם? סידני בנקס ממליץ לנו לממש את הבחירה שלנו ולמצוא את החוכמה הפנימית שלנו. ברגע שהיא נמצאה, אנו משתפים באופן טבעי וג'ון האטי ממליץ לנו לדעת את ההשפעה שלנו. וזהו היגיון פשוט.

ברכות על שעשיתם הבדל בעולם!

המפ"ש עומד ביעדי למידה ומיומנויות חינוכיים

כשאנשי חינוך, אתם ללא ספק אחראים לעמוד ביעדי למידה רשמיים ובסטנדרטים של מיומנויות התלמידים. *המפ"ש* נועד לעזור לכם לעשות זאת.

בהקשר הנוכחי של מדיניות החינוך

תוך כדי כתיבת מדריך למורים זה, משרד החינוך של קולומביה הבריטית בקנדה מפתח תוכנית לימודים חדשה הכוללת "פרופיל מיומנויות למודעות ואחריות אישית." *המפ"ש* עולה בקנה אחד עם קווים מנחים חדשניים אלה.

הגרסה העדכנית ביותר של עבודה זו קובעת: "מודעות ואחריות אישית היא אחת משלוש המיומנויות הקשורות זו בזו המתייחסות לתחום הרחב של למידה חברתית ורגשית." תוכנית הלימודים מסבירה עוד שמודעות ואחריות אישית כוללת: נחישות, וויסות עצמי ורווחה. משרד החינוך דן ברווחה אישית בדרך זו:

> ***"תלמידים מודעים ואחראים אישית מכירים באופן בו החלטותיהם ופעולותיהם משפיעים על בריאותם הנפשית, הפיזית, הרגשית, החברתית, הקוגניטיבית והרוחנית, ולוקחים אחריות הולכת וגוברת על הטיפול בעצמם. הם שומרים על עצמם בריאים ופעילים גופנית, מנהלים לחצים, ומביעים תחושה של רווחה אישית... הם מכירים בחשיבות האושר ובעלי אסטרטגיות שעוזרות להם למצוא שלווה במצבים מאתגרים."***
> ***(פרופיל למיומנות של מודעות ואחריות אישית, עמ' 3)***

בבריטניה, קיים עניין בקידום רווחה אישית בבתי הספר. על פי "קידום ערכים בסיסיים בבריטניה כחלק מה SMSC בבתי ספר", על בתי הספר "לקדם את התפתחותם הרוחנית, המוסרית, החברתית והתרבותית (SMSC) של תלמידיהם." בתקופה זו, גוברת המודעות העולמית לצורך בכל מערכות החינוך בתמיכה ובטיפוח רווחת התלמידים לאורך חייהם. במובן זה תוכנית הלימודים המקיפה הזו (גן-י"ב) של *המפ"ש* היא משאב לכל אנשי החינוך ובתי הספר שלהם.

לא משנה היכן אתם נמצאים בעולם, חומר זה מתאים ועומד בדרישות נבחרות של מיומנויות שפה, חינוך לבריאות, חינוך לקריירה, וחינוך אישי, חברתי, בריאותי וכלכלי. הוא תומך בהכללה ועשוי לשמש לפיתוח מיומנויות תקשורת, חשיבה, למידה חברתית ורגשית, הכוללים קבלת החלטות, ניהול עצמי, מערכות יחסים בריאות ורווחה אישית. הוא עשוי לשמש גם לפיתוח מיומנויות של אחריות אישית וחברתית, הכוללות זהות אישית ותרבותית חיובית, מודעות ואחריות אישית, בריאות רוחנית, כמו גם אחריות חברתית.

תלמידים בכל מקום יכולים לגלות את המדריך הפנימי, המכונה גם פשוט שכל ישר או חוכמה. הם הופכים מודעים יותר ויותר ולוקחים אחריות על המחשבות והפעולות שלהם המשפיעות על הפוטנציאל האינטלקטואלי, היצירתי, החברתי, הרגשי והפיזי שלהם, כמו גם בריאותם הרוחנית. גישה לחוכמה פנימית טבעית מייצרת שמחה, אהבה, חמלה ועוצמה אישית המובילים להצלחה אקדמית. העקרונות שעליהם תוכנית לימודים זו מבוססת הם המפתח לבריאות נפשית מולדת המאופיינת באופטימיות, חוסן נפשי, ורווחה אישית.

הבנת עקרונות אלה למעשה תומכת ומגבירה את רווחתם, יעילותם והביטחון העצמי של התלמידים; משפרת את יכולתם לווסת את עצמם, להציב מטרות, ולקחת אחריות על בחירותיהם ופעולותיהם. עם הבנה, התלמידים הופכים סבלניים לאורך זמן, מתמידים במצבים קשים כדי לפתור בעיות ברוגע ומבינים את ההיגיון של האופן בו משפיעות פעולותיהם על עצמם ועל אחרים.

מטרות המפ"ש

העקרונות הנידונים בתוכנית הלימודים של המפ"ש פועלים בכל בני האדם, כולל תלמידים בכל הגילאים. תוכנית הלימודים מגן עד י"ב, מצביעה על הדרך לשלמות, לאושר, יצירתיות ורווחה אישית בכל חלקי החיים.

לפיכך, כל השיעורים בספרים I, II, ו-III של המפ"ש חולקים שתי מטרות אקדמיות מתאימות בכל העולם: **(1) טיפוח רווחה נפשית אישית מתוך הבנת עקרונות אלה**; **(2) פיתוח מיומנויות תקשורת, חשיבה ואחריות אישית וחברתית.**

גילוי המדריך הפנימי שלנו, המפתח ללמידה, משפר את היכולת לקבל החלטות, לנווט בחיים ולבנות מערכות יחסים בריאות. **גישה לחוכמה טבעית זו משפיעה על רווחה נפשית, על בריאות רוחנית, על אחריות אישית וחברתית ועל זהות אישית ותרבותית חיובית. למידה חברתית-רגשית, כולל נחישות, ויסות עצמי ומסוגלות עצמית הם גם תוצאות טבעיות של מודעות גדולה יותר.** המפ"ש משיג שתי מטרות אלה על ידי שימוש בסיפורים, דיונים ופעילויות כתיבה ויצירה שונות, בזמן שהוא מקדם מיומנויות שפה, כולל מדיה דיגיטלית.

יעדי למידה ומיומנויות חינוכיים

תוכנית הלימודים של המפ"ש עונה גם על דרישות נוספות אלה המשותפות לרוב מערכות בתי הספר בעולם כמפורט להלן.

מיומנויות שפה

קריאה וצפייה: התלמידים ירחיבו את הידע שלהם ויישמו אסטרטגיות כדי להבין, להשוות רעיונות לידע קודם, להסיק מסקנות, להתבונן ולהגיב. התלמידים ישפרו את אוצר המילים שלהם בזמן שהם קוראים וצופים להנאתם, כדי לחקור רעיונות ולעורר יצירתיות. הם ישלבו טקסטים כדי ליצור תובנה ויתקשרו נקודות מבט כדי להרחיב את החשיבה.

כתיבה וייצוג: התלמידים ירחיבו את מיומנויות התקשורת שלהם ויצרו טקסטים משמעותיים, כולל טקסטים חזותיים, המראים עומק מחשבה ובעלי רצף הגיוני. התלמידים ישכללו טקסטים עם אוצר מילים משופר, שפה ברורה וכללי לשון, דקדוק, איות ופיסוק נכונים. התלמידים ישתמשו ב"קול" מרתק ויציגו טקסטים במגוון דרכים.

שפה מדוברת: הקשבה ודיבור הם יסודות ללימוד שפה ולפיתוח אוצר מילים, יצירת הקשרים ונקודת מבט. התלמידים ירחיבו את הידע על ידי הקשבה לאחרים וכן על ידי הבנת מה שהם בעצמם יודעים על ידי התבוננות, הבעת נקודת המבט שלהם ותקשורת באמצעות שפה מדוברת. התלמידים יתאמנו ויבצעו כדי לייצר שפה ולדון במשמעות השפה.

יכולות תקשורת

התלמידים ישתפו עם אחרים בשיחה כדי לפתח הבנה ומערכות יחסים. התלמידים ישתפו פעולה בפעילויות,

כולל שימוש יעיל במדיה דיגיטלית, לצורך הצגת עבודותיהם. התלמידים ירכשו ידע וישתפו את מה שהם למדו באמצעות מצגות, ניטור עצמי והערכה עצמית.

יעדי חינוך לבריאות, חינוך לקריירה ויעדים חינוכיים אישיים, חברתיים, בריאותיים וכלכליים

התלמידים ילמדו להגיב בצורה הולמת לאפליה והטרדות, יגלו כבוד ויבינו מה הופך מערכת יחסים לבריאה ואיך לתחזק אותה. התלמידים יזהו מערכות יחסים תומכות, מחשבות ותחושות בריאות, ויבינו את ביטחונם האישי. התלמידים יפתחו גישה לידע התומך בהחלטות בריאות.

יכולות אישיות וחברתיות (למידה חברתית רגשית)

אחריות אישית: התלמידים יכולים לצפות תוצאות של הפעולות שלהם. הם נעשים מודעים ויותר ולוקחים אחריות על מחשבות ופעולות המשפיעות על הפוטנציאל האינטלקטואלי, היצירתי, החברתי, הרגשי והפיזי שלהם, כמו גם על בריאותם הרוחנית. הם גמישים; מקבלים החלטות אחראיות לגבי המחשבות שכדאי לפעול לפיהן, בהתבסס על הרווחה האישית שלהם ושל אחרים.

- **רווחה אישית:** באמצעות הבנת המדריך הפנימי, חוכמה פנימית טבעית או שכל ישר הנוכחים תמיד, התלמידים לוקחים אחריות הולכת וגוברת לרווחה האישית שלהם, הכוללת את ביטחונם ואושרם. התלמידים מבינים שבריאות נפשית היא מצב של רווחה אישית.

- **נחישות:** התלמידים מבינים את כלל הסיבה והתוצאה שמחשבה יוצרת הרגשה ומחשבה היא "זרע" ההתנהגות. התלמידים מטפחים חמלה, ביטחון עצמי ומודעות ליכולתם האישית להתמודדות עם אתגרים. התלמידים לומדים להיות התומכים הטובים ביותר של עצמם.

- **ויסות עצמי:** התלמידים בוחרים במדריך הפנימי שלהם (החוכמה הפנימית הטבעית שלהם) כדי לווסת את התנהגותם בצורה יעילה ולשלוט בדחפים שלהם. התלמידים מגלים יושר, מניעים את עצמם ועובדים להשגת הצלחה.

אחריות חברתית: התלמידים הוגנים, מעריכים נקודות מבט של אחרים ופותרים בעיות בדרכי שלום. הם מגלים אמפתיה, חמלה והבנה, ותורמים לקהילה.

- **מערכות יחסים בריאות:** התלמידים מקשיבים, משתפים פעולה ומתקשרים בצורה ברורה. הם מגלים חמלה, אמפתיה והבנה, פותרים בעיות של אחרים ברוגע, מבקשים ומציעים עזרה בעת הצורך.

- **זהות אישית ותרבותית חיובית:** התלמידים מבינים שזהותם מתפתחת ככל שהם צוברים הבנה וניסיון בחיים. הם רואים שחוכמה פנימית טבעית, בשילוב עם תכונות אישיות, יכולה לעזור להם לנווט בחיים. התלמידים מזהים אנשים שיכולים לתמוך בהם וכן רואים שהם עצמם יכולים גם להציע עזרה.

יכולות חשיבה: התלמידים יפתחו מודעות לכוח **המחשבה**, שהוא תהליך החשיבה בפעולה. הם יפיקו רעיונות יצירתיים תוך חקירת רלוונטיות וחיבור לרעיונות "התמונה הגדולה". הם ילמדו שלרעיונות שלהם יש ערך. התלמידים יבינו איך לשמור על תודעה אישית צלולה כדי לאפשר למחשבות חדשות להגיח. יהיו להם הזדמנויות

לפתח רעיונות חדשים, תובנות, אשר ישנו מה שהם עושים בחיים. התלמידים יבחרו לאילו מחשבות לשים לב, מה שמוביל באופן הגיוני לתוצאות רצויות.

הבנת בני נוער כיום

מרכיב נוסף אחד של הישגי תלמידים מוצלחים והוראה אפקטיבית הוא כל כך ברור שמתעלמים ממנו לעיתים קרובות. יש חשיבות רבה למידה בה התלמידים והמחנכים מבינים את חייהם האמתיים של בני נוער כיום.

בדיוק כפי שציין ד"ר פטיט, יש ערך עצום בלחנך בני נוער להכיר את ***המדריך הפנימי*** שלהם, כך שהם יתגברו על הסרבול הנפשי שלהם. תלמידים באמת יכולים להגיע להבנה ולנווט את חייהם בצורה חלקה כשהם עוברים מילדות לחיים הבוגרים.

שנות העשרה מאופיינות הן בתמימות והן בתחכום ובבקיאות בענייני העולם. בני נוער חיים בפרדוקס. אנו יכולים ללוות אותם ולתמוך בהם בזמן שהם יוצרים זהות, מבינים רווחה אישית, מגלים מטרה ולומדים מי ומה הם. עד כמה שזה נראה מרתיע, אנו המחנכים מוכנים למשימה זו. זה הופך להיות קל יותר כשבני נוער משתפים יותר פעולה באופן מפתיע כשהמבוגרים נוכחים ואותנטיים איתם – הם כל כך מעריכים את זה! המודעות הנמרצת שלהם מעצימה אותם להציע תובנות ונקודות מבט מועילות למבוגרים איתם הם מרגישים בטוחים.

גם אנחנו היינו נער או נערה, חיינו עם בני נוער או גידלנו בני נוער, למדנו על התפתחות בני נוער, חנכנו בני נוער ונהלנו שיחות רגילות עם בני נוער. בתהליך זה הבנו כולנו אמיתות רבות:

בני נוער המחפשים זהות נוטים לעיתים קרובות:

- להיות להוטים לחקור. "מי ומה אני באמת?"
- להיות יצירתיים, סקרנים וקלילים
- לשים לב לפגמים אצל אחרים, אך עם זאת הם רגישים ופגיעים לגבי הפגמים שלהם עצמם
- לאחוז בעליות ובירידות נפשיות, אך רואים שמצבי רוח משתנים במהירות
- לרצות כבוד לייחודיות, אך מרגישים מבודדים בגלל ייחודיות
- לרצות הכוונה, יחד עם זאת לרצות עצמאות
- לחוות תקווה לעתיד

בני נוער במערכות יחסים לעיתים קרובות:

- מעוניינים לדבר על חייהם עם מבוגרים
- אכפת להם משוויון, אך עם זאת עלולים לא להתחשב באחרים
- עסוקים בלהיות במרכז, ובכל זאת מרגישים צורך להיות מקושרים לאחרים
- תופסים כשיש להם קהל ועם זאת לא מבחינים באחרים (Berk, 2007)
- זקוקים למערכת יחסים בריאה עם מבוגר משמעותי, אך עם זאת לא תמיד יקבלו עצות
- מרגישים לא מובנים על ידי מבוגרים, אך זקוקים לחיזוק שאיכפת למבוגרים
- מחשיבים את בני גילם, אך תלויים בערכי ההורים
- רוצים חונכים מבוגרים, ובכל זאת יכולים להפוך למורדים ולבחון גבולות
- מפתחים עצמאות, אך עדיין זקוקים להבטחה שלמבוגרים המשמעותיים אכפת מהם
- פתוחים להשפעת מבוגרים

בני נוער יכולים להנות מ:

- זמן לבד להרהר ביומם
- מגוון פעולות, מנוחה ושינוי
- להרגיש בטוחים, מטופחים ומוערכים
- לתרגל קבלת החלטות בריאות
- לחפש הרפתקאות בריאות ולקחת סיכונים חיוביים
- זמן לשינה מרובה
- הזמנה לחשוב על רעיונות
- בירור החשיבה שלהם באמצעות שיחות
- בריאות רוחנית המושגת באמצעות דיון ב"תמונה הגדולה" של החיים

הזדמנויות הלמידה של המפ"ש המיועדות לבני נוער

כל השיעורים והפעילויות של המפ"ש נועדו להתאים למאפיינים אלה של בני הנוער. לכן, המפ"ש כולל במיוחד הזדמנויות אלה לבני הנוער:

- ליצור הקשרים למה שהם לומדים
- לכתוב רשומות יומן רפלקטיביות מדי יום
- לקבל משוב כשהם משתפים את מחשבותיהם
- לממש בחירה אישית מתוך מגוון אפשרויות
- לגלות תחומי עניין חדשים
- לחפש נטילת סיכונים בריאה על ידי מתיחת גבולות
- להיות פעילים (כולל בחוץ) ואינטראקטיבים בעת למידה
- לגלות את ההיגיון של סיבה ותוצאה
- להתחיל להבין הפשטות ומטאפורות
- לחשוב באופן עצמאי
- לקבל בהירות על החשיבה של עצמם
- להרחיב את הבנתם באמצעות: חשבו, שתפו עם בן/בת זוג
- לפתח מערכות יחסים ותחושת חיבור
- לעקוב אחרי התפתחות ההבנה שלהם
- לקבל תמיכה בקבלת החלטות בריאות
- למצוא רלוונטיות בפתרון בעיות חיים אמיתיות
- לשתף פעולה בפעילויות
- להיות יצירתיים בפעילויות שפה ולשון
- לשפר את הביצועים האקדמיים
- להיות מספרי סיפורים
- להיות קלילים ולראות הומור
- לשחק משחקים
- ליצור את זהותם
- לחוות חמלה ושמחת חיים
- לשפר את רווחתם ובריאותם הרוחנית
- להרוות את צימאונם לידע של חוכמה פנימית טבעית או **המדריך הפנימי**

הפניות לציטוטים

References Cited

Aust, B. (2016). Field notes: Capturing the moment with a story. *ASCD Express*. Retrieved from www.ascd.org/ascd-express/vol12/1207-aust.aspx

Aust, B. (2013). *The Essential Curriculum: 21 iIdeas for Developing a Positive and Optimistic Culture*. North Charleston: CreateSpace Independent Publishing Platform.

Banks, S. (1998). *The Missing Link: Reflections on Philosophy & Spirit*. Edmonton: Interna- tional Human Relations Consultants.

Banks, S. (2005). *Enlightened Gardener Revisited*. Edmonton: International Human Relations Consultants.

Berk, L. (2007). *Development through the lifespan*. Boston: Allyn and Bacon.

Campsall, C. and J. Tucker. 2016. **My Guide Inside**: *(Book II) Knowing Myself and Understanding my world: Rated: E for everyone*. North Charleston: CreateSpace Independent Publishing Platform.

Donohoo, J. (2016). *Collective efficacy: How educators' beliefs impact student learning*. Thou- sand Oaks: Corwin Press.

Hattie, J. "The Applicability of Visible Learning to Higher Education." *Scholarship of Teaching and Learning in Psychology* 1.1 (2015): 79-91. Retrieved from http://www.dx.doi.org.ezp3.lib.umn.edu/10.1037/stl0000021

"Hattie Ranking - Interactive Visualization." *Hattie Ranking: Interactive Visualization - VISIBLE LEARNING*, visible-learning.org. Retrieved from http://www.nvd3/visualize/hattie-ranking-interactive-2009-2011-2015

"Personal Awareness and Responsibility Competence Profiles." (2016). *BC's New Curriculum*. Retrieved from http://www.curriculum.gov.bc.ca/competencies/personal-awareness-responsibility

"Personal, Social, Health and Economic (PSHE) Education." *Gov.UK*. Retrieved from http:// www.gov.uk

"Promoting Fundamental British Values as part of SMSC in Schools" (2014). *Gov.UK*. Retrieved from http://www.gov.uk

"Sharing the Principles of Mind, Consciousness, and Thought by Elsie Spittle and George Pransky in Collaboration with Three Principle Practitioners - 3PGC Blog." 3PGC. Re- trieved from http://www.3pgc.org

"Year-Long Series - Educators Living in the Joy of Gratitude." (2016). *3 Principles Supermind*. Retrieved from http://www.threeprinciplessupermind.com/products/educators-living-the-joy-of-gratitude.254

שיתוף עקרונות התודעה, מודעות ומחשבה

מאת
אלסי ספיטל וד"ר ג'ורג' פרנסקי
בשיתוף עם מתרגלים של שלושת העקרונות
(מותאם ברשותם למורים, יועצים ומדריכי נוער)

בהתבסס על משנתו הישירה של סידני בנקס, מטרת מסמך זה היא לחלוק את מה שלמדנו מסידני בנקס על שיתוף יעיל של הבנתנו את שלושת העקרונות. מסמך זה אינו עוסק בעקרונות עצמם, אלא אך ורק בהדרכה על שיתוף העקרונות. להלן נקודות המפתח שסיד כיוון אותנו אליהן:

1. בריאות התומך או המשתף

מה שבסופו של דבר מכשיר מורים הוא עד כמה הם משקפים ומדגימים את איכות החיים שהתלמידים חפצים בה (אנו מכנים זאת "התקרקעות" "grounding") ויכולתם לחלוק את מה שהם מבינים שאחראי לאיכות חיים זו.

2. חפשו את הבריאות הנפשית המולדת של התלמידים שלכם, לא את בעיותיהם:

יש חוכמה והיגיון בעקרונות הקיימים בכל היצורים החיים.

3. תובנה/ אינטליגנציה טהורה

הבנת החוכמה המולדת או האינטליגנציה הטהורה מגיעה מתוך המאזין באמצעות תובנה. לכל התלמידים יש חוכמה מולדת בתוכם.

4. העמקת רמות המודעות

לימוד והבנת העקרונות הם עניין של הלב ולא של האינטלקט. הבנה אמיתית תעקוף את האינטלקט. למדנו לשמור על מסר פשוט ולא אנליטי ומסובך.

5. שיחה ידידותית:

יש ערך רב לשיחה בגובה העיניים עם התלמידים שלכם, כפי שהייתם עושים בשיחה ידידותית. מה שמכונה באופן מסורתי "הוראה" הופך יותר להפקת חוכמה מהתלמידים ויש לזה תחושה של "שיתוף".

6. הקשבה לאמת:

למדנו מסיד כי ניתן לראות את האמת של העקרונות רק באמצעות תובנה. שום דרך לנסות להבין את הדברים אי פעם עזרה. התובנה אינה מוגבלת בשום דבר. היא יכולה לקרות בכל עת מכל מצב נפשי. עם זאת, תודעה שקטה ורפלקטיבית היא אמצעי תורם יותר לתובנה מאשר תהליך הקשבה אנליטי ופעיל.

7.הקשבה לתלמידים שלכם:

למדנו להקשיב מעבר לסיפור של בני הנוער כדי לשמוע את חוכמתם ולכוון אותם לכיוון הזה. יעזור לבני הנוער לראות שהם יודעים מה לעשות, לא משנה מה ההיסטוריה שלהם ומה קרה להם.

8.היצמדו למה שאתם יודעים

חשוב שנדבוק במה שאנחנו יודעים (מה שאמיתי עבורנו) ולא ננסה לדבר ולשתף מעבר להבנה שלנו. כשנשתף רק את מה שאנחנו יודעים, נראה יותר. מה שאנו יודעים עכשיו הוא די והותר בינתיים. סיד אמר לעיתים קרובות כי, "המעט שאנו יודעים עשוי להקדים את זמנו בעשרות שנים."

9.שתפו את הסיפור שלכם

יש דברים שאינם ניתנים לביטוי ישיר וקל. העקרונות נכנסים בקטגוריה זו. סיפורים ומטפורות יכולים להועיל בהקשר הזה. סיד עודד אותנו לחלוק את הסיפור האישי שלנו – במידה המתאימה לתלמידים שלנו – (כיצד הגענו להבנת העקרונות ומה ראינו בעצמנו). למדנו ששיתוף הסיפור שלנו מפיח חיים בהבנת העקרונות שלנו. התחושה העמוקה של רווחה המתרחשת כשאנו חולקים את סיפורנו היא שעוזרת לעורר את הבריאות הנפשית המולדת באלה שאיתם אנו מדברים. הסיפור שלנו יצביע גם על התוצאות שנוצרות מהשימוש שלנו בעקרונות ויפיח תקווה.

10. חיבור הנקודות

כשלתלמידים יש תובנות, הם משתנים. הם רואים ושומעים אחרת ומרגישים אחרת, אך הם לא תמיד מבינים את זה בהתחלה. יש ערך רב להצביע על כך בהקשר לתוצאות התלמידים שלנו. זה משחרר הרגשה של תקווה. התחושה שהתלמידים חווים אינפורמטיבית יותר למורה מאשר אחיזתם של התלמידים בתוכן.

11. דבקו בעקרונות

סיד הזכיר לנו שלכולם יש את החוכמה וההבנה בתוכם להתאזן ולפתור את בעיותיהם. טכניקות של מורים המתכוונות "לשפר את רווחת התלמידים" מחלישות את בני הנוער, משום שהן מערערות את המסר שיש את כל מה שהם צריכים בתוכם. העקרונות מעצימים את התלמידים בכך שהם מכוונים אותם לחוכמתם, ליצירתיות ולחוסן הטבעי שלהם.

12. סמכו על החוכמה הפנימית / האינטליגנציה הטהורה שלכם

בסופו של דבר, כולנו רוצים לסמוך וללכת אחר החוכמה שלנו, על מה שאנו מבינים באופן אישי. עם זאת, אנו גם רוצים להיות פתוחים לשמוע/לראות יותר ממה שאנו יודעים עכשיו. וזה אומר להקשיב מבפנים, ולהיות פתוחים לשמוע משהו חדש; משהו שיעמיק את ההבנה והצמיחה שלנו. סיד הביע נקודה זו ברהיטות בכך שאמר: "אל תלכו אחר אחרים בצורה עיוורת; תקשיבו, כן, אך לא בצורה עיוורת."

13. שמרו על הלב במקום הנכון

זמן לא רב לאחר שסידני בנקס חווה את החוויה העמוקה שלו, הוא ידע שמה שהבין יועיל מאד לאנושות. הוא שם לעצמו למטרה לשרת ולעודד את אלה שלמדו ממנו להצביע גם כל הכיוון הזה. מהמקום של מתן שירות נגלה שההוראה שלנו יותר מספקת ומשפיעה. ראינו שוב ושוב שכאשר העדיפות שלנו היא לשרת את האנושות ולהיות נאמנים לחוכמתנו, ההיבטים המעשיים של החיים מסתדרים בצורה טבעית; לעיתים קרובות בדרכים שלא יכולנו לדמיין.

למסמך המלא ראה: https://goo.gl/Olxcsp. (הובא כאן ב- 22 באוקטובר 2016).

משאבים נוספים

Recommended Three Principles Resources

By Sydney Banks:*
Books
Second Chance (1983)
In Quest of the Pearl (1989)
The Missing Link: Reflections on Philosophy and Spirit (1998)
The Enlightened Gardener (2001)
Dear Liza (2004)
The Enlightened Gardener Revisited (2005)

* הספרים של סידני בנקס נמצאים בתהליך תרגום לעברית. למידע בנושא ניתן לפנות לאביבה פשחור avivapash@gmail.com או לד"ר אורית אשל oriteshel@gmail.com

CDs

Attitude!	*In Quest of the Pearl*	*Second Chance*
Great Spirit, The	*Long Beach Lectures*	*Washington Lectures*
Hawaii Lectures	*One Thought Away*	*What is Truth*

DVDs
Hawaii Lectures (1-4)
Long Beach Lectures (1-4)
Washington Lectures (1-2)
The Ultimate Answer

Books, CDs and DVDs are available through:
sydbanks.com, amazon.com or
Lone Pine Publishing: 1-800-518-3541 (US) 1-800 875 7108 (Canada)

Continued Learning for Educators

The Power of the Three Principles in Schools four-part free online professional development series for educators created by Christa Campsall and Barb Aust. This series links to Sydney Banks *Long Beach* Lectures.
www.myguideinside.com/resources

Long Beach Lectures (1-4) video series of presentations by Sydney Banks
www.sydbanks.com/longbeach/

Educators Living in the Joy of Gratitude (18 free recorded professional development programs facilitated by Kathy Marshall Emerson. These feature Barb Aust, Christa Campsall, and many other seasoned educators sharing the principles globally. Includes *MGI* curriculum orientation and official student focus group.) www.nationalresilienceresource.com/Educator-Preparation.html

Education and Three Principles Christa and Bob Campsall video presentation
www.3pgc.org/photos-videos/details/?m=1185

Seeing Beyond Behavior in Youth Webinar with Christa Campsall
https://vimeo.com/157500313

Selected Principles Publications for Educators

Aust, B. (2016). Field notes: Capturing the moment with a story. *ASCD Express*. Retrieved from www.ascd.org/ascd-express/vol12/1207-aust.aspx

Aust, B. (2013). *The essential curriculum: 21 ideas for developing a positive and optimistic culture*. Author.

Aust, B., & Vine, W. (2003, October). The power of voice in schools. ASCD *Classroom Leadership*, 7, 5, 8.

Campsall, C. (2005). Increasing student sense of feeling safe: The role of thought and common sense in developing social responsibility. Unpublished master's thesis. Royal Roads University, Victoria, British Columbia, Canada.

Marshall Emerson, K. (2015). "Resilience research and community practice: A view from the bridge." Paper presented to the Pathways to Resilience III, 6/19/2015, Halifax, Nova Scotia.

Marshall, K. (2005, September). Resilience in our schools: Discovering mental health and hope from the inside-out. In D. L. White, M. K. Faber, & B. C. Glenn (Eds.). *Proceedings of Persistently Safe Schools 2005*. 128-140. Washington, DC: Hamilton Fish Institute, The George Washington University for U.S. Department of Justice, Office of Juvenile Justice and Delinquency Prevention.

Marshall, K. (2004). Resilience research and practice: National Resilience Resource Center bridging the gap. In H. C. Waxman, Y. N. Padron and J. Gray (Eds.). *Educational resiliency: student, teacher, and school perspectives*. Pp. 63-84. Greenwich, CT: Information Age Publishing.

Marshall, K. (November, 1998). Reculturing systems with resilience/health realization. *Promoting positive and healthy behaviors in children: Fourteenth annual Rosalynn Carter symposium on mental health Policy*. Atlanta, GA: The Carter Center, pp. 48-58.

Websites

3 Principles Ed Talks: www.myguideinside.com.
National Resilience Resource Center: www.nationalresilienceresource.com.
Sydney Banks: www.sydneybanks.org.
Three Principles Foundation: www.threeprinciplesfoundation.org.

Instructional Materials for Pre K – 12 Learners
myguideinside.com

My Guide Inside Pre-K -12 Comprehensive Curriculum
Campsall, C. with Marshall Emerson, K. (2018). My Guide Inside, Learner Book I, Charleston, SC: Create Space Independent Publishing Platform.
Campsall, C. with Marshall Emerson, K. (2018). My Guide Inside, Teacher Manual, Book I, Charleston, SC: Create Space Independent Publishing Platform.
Campsall, C., Tucker, J. (2016). My Guide Inside, Learner Book II, Charleston, SC: Create Space Independent Publishing Platform.
Campsall, C. with Marshall Emerson, K. (2016). My Guide Inside, Teacher Manual, Book II, Charleston, SC: Create Space Independent Publishing Platform.
Campsall, C. with Marshall Emerson, K. (2017). My Guide Inside, Learner Book III, Charleston, SC: Create Space Independent Publishing Platform.
Campsall, C., with Marshall Emerson, K. (2017). My Guide Inside, Teacher Manual Book III, San Charleston, SC: Create Space Independent Publishing Platform.

Supplemental Children's Picture Book
Campsall, C., Tucker, J. (2017). *Whooo...has a Guide Inside?* Charleston, SC: Create Space Independent Publishing Platform.

המפ"ש בהקשר של מחקרים ותיאוריות עדכניות

MGI in Context of Current Research and Theory

The *MGI* comprehensive Pre-K-12 curriculum was developed to complement evidence based approaches to effective education and foster student resilience. *MGI* theory stands on the shoulders of significant educational and other relevant researchers such as, but not limited to: Bonnie Benard, Faye Brownlie, Robert Coles, Richard Davidson, Cheryl Dweck, Jenni Donohoo, Michael Fullan, John Hattie, Ann Masten, Parker Palmer, Michael Rutter, Leyton Schnellert, George Villiant, Roger Weissberg, Emmy Werner, Steven and Sybil Wolin.

In every country there are experts dedicated to bringing out the best in students. For example, with leadership of Kathy Marshall Emerson, the National Resilience Resource Center sees every youth as *at promise* rather than as *at risk*.

MGI focuses on simple principles operating in all students. Its objectives point to the promise inside every student to: **(1)** enhance Personal Well-being, and **(2)** develop Communication, Thinking, Social Emotional Learning, and Personal and Social Responsibility competencies. These general objectives may be customized to fit specific countries, systems, schools or classrooms.

Authors Barbara Aust and Kathy Marshall Emerson, education and resilience veterans, guided *MGI* conceptual development to clarify the "fit" between *MGI* and established cutting edge global educational efforts and research. These sample resources laying out the "Big Picture" in *MGI* may be especially helpful in discovering this alignment:

- "Personal Awareness and Responsibility Competency Profiles" from British Columbia's Ministry of Education provides the basis for *MGI* learning objectives at https://curriculum.gov.bc.ca/sites/curriculum.gov.bc.ca/files/pdf/PersonalAwarenessResponsibilityCompetencyProfiles.pdf
- "Fitting in with Other Programs" at http://www.nationalresilienceresource.com/Fitting-In.html suggests how principles curriculum like *MGI* complements existing school initiatives and programs.
- "Educators Living in the Joy of Gratitude," facilitated by Kathy Marshall Emerson, includes 12 presentations by veteran educators describing learning, living and sharing the principles in schools globally for the last 40 years. Available from: https://three-principlessupermind.com/product/educators-living-in-the-joy-of-gratitude/
- *MGI* rests on an essential research base such as "References Relevant to BC's Curriculum Assessment and Transformation" at https://curriculum.gov.bc.ca/sites/curriculum.gov.bc.ca/files/pdf/references.pdf

For a deeper examination of relevant research see the selections that follow.

ADDITIONAL SCHOLARLY PUBLICATIONS

Education Research and Theory

Berk, L. (2007). *Development through the lifespan*. Boston: Allyn and Bacon.

Brownlie, F., & Schnellert, L. (2009). *It's all about thinking: Collaborating to support all learners.* Winnipeg, MB: Portage & Main Press.

Cicchetti, D., Rappaport, I., Weissberg, R. (Eds.). (2006). *The promotion of wellness in children and adolescents*. Child Welfare League of America. Washington, D.C.: CWLA Press.

Coles, R. (1990). *The spiritual life of children*. Boston: Houghton Mifflin Company.

Donohoo, J. (2016). Collective efficacy: *How educators' beliefs impact student learning*. Thousand Oaks: Corwin Press.

Dweck, C. (2006). *Mindset: The new psychology of success*. New York, NY: Random House.

Fullan, M. (2016). *Indelible leadership: Always leave them learning*. Thousand Oaks, CA: Corwin Press.

Fullan, M. (2001). *Leading in a culture of change*. San Francisco, Jossey-Bass.

Hattie, J. (2015). The applicability of visible learning to higher education. Scholarship of teaching and learning in psychology, 1(1), 79-91.

Hattie, J. (2011). *Visible learning for teachers: Maximizing impact on learning*. New York, NY: Routledge.

Hattie, J. (2009). *Visible learning: A synthesis of over 800 meta-analyses relating to achievement*. New York, NY: Routledge.

Palmer, P. (1998). *The courage to teach: Exploring the inner landscape of a teacher's life*. San Francisco: Jossey-Bass Publishing.

Reclaiming Youth International. (1990). *Circle of courage*. Retrieved from https://www.starr.org/training/youth/aboutcircleofcourage

Roehlkepartain, E., King, P., Wagener, L., & Benson, P. (Eds.). (2006). *The handbook of spiritual development in childhood and adolescence*. Thousand Oaks, CA: Sage Publications.

Schnellert, L., Widdess, N., & Watson, L. (2015). *It's all about thinking: Creating pathways for all learners in middle years*. Winnipeg, MB: Portage & Main Press.

Resilience Research and Theory

Benard, B. (2004). *Resiliency: What we have learned*. Oakland, CA: West Ed.

Benard, B. (1991). *Fostering resiliency in kids: Protective factors in the family, school, and community*. Portland, OR: Northwest Regional Educational Laboratory.

Benard, B. & Marshall, K. (1997). A framework for practice: Tapping innate resilience. *Research/Practice*, Minneapolis: University of Minnesota, Center for Applied Research and Educational Improvement, Spring, pp.9-15.

Davidson, R. J., & Begley, S. (2012). *The emotional life of your brain: How its unique patterns affect the way you think, feel and live – How you can change them*. New York: Hudson Street Press.

Marshall, K. (2004). Resilience research and practice: National Resilience Resource Center bridging the gap. In H. C. Waxman, Y. N. Padron and J. Gray (Eds.). *Educational resiliency: student, teacher, and school perspectives*. Pp. 63-84. Greenwich, CT: Information Age Publishing.

Marshall, K. (November, 1998). Reculturing systems with resilience/health realization. *Promoting positive and healthy behaviors in children: Fourteenth annual Rosalynn Carter symposium on mental health policy*. Atlanta, GA: The Carter Center, pp. 48-58.

Masten, A. (2014). *Ordinary magic: Resilience processes in development.* New York, NY: Guilford Press.

Rutter, M. (1990). Psychosocial resilience and protective mechanisms. In D. Ciccetti, A. Masten, K. Neuchterlein, J. Rolf, & S. Weintraub (Eds.), *Risk and protective factors in the development of psychopathology* (pp. 181-214). New York: Cambridge University Press.

Shapiro, S. & Carlson, L. (2009). *The art and science of mindfulness: Integrating mindfulness into psychology and the helping professions*. Washington, DC: American Psychological Association.

Sternberg, E., (2001). *The balance within: The science connecting health and emotions*. New York, NY: W.H. Freeman & Co.

Vaillant, G. (2012). *Triumphs of experience: The men of the Harvard grant study*. Cambridge: The Belknap Press of Harvard University Press.

Werner, E. & Smith, R. (2001). Journeys from childhood to midlife: Overcoming the odds. Ithaca, NY: Cornell University Press.

Werner, E. (2005). What can we learn about resilience from large-scale longitudinal studies? In S. Goldstein & R. Brooks (Eds.), *Handbook of resilience in children* (91-106). New York, NY: Kluwer Academic/Plenum.

Wolin, S.J. & Wolin, S. (1993). *The resilient self: How survivors of troubled families rise above adversity*. New York, NY: Villard Books.

Three Principles in Education

Aust, B. (2016). Field notes: Capturing the moment with a story. *ASCD Express*. Retrieved from www.ascd.org/ascd-express/vol12/1207-aust.aspx

Aust, B. (2013). *The essential curriculum: 21 ideas for developing a positive and optimistic culture*. Author.

Aust, B., & Vine, W. (2003, October). The power of voice in schools. *ASCD Classroom Leadership*, 7, 5, 8.

Campsall, C. (2005). Increasing student sense of feeling safe: The role of thought and common sense in developing social responsibility. Unpublished master's thesis. Royal Roads University, Victoria, British Columbia, Canada.

Marshall Emerson, K. (2015). "Resilience research and community practice: A view from the bridge." Paper presented to the Pathways to Resilience III, 6/19/2015, Halifax, Nova Scotia.

Marshall, K. (2005, September). Resilience in our schools: Discovering mental health and hope from the inside-out. In D. L. White, M. K. Faber, & B. C. Glenn (Eds.). *Proceedings of Persistently Safe Schools 2005*. 128-140. Washington, DC: Hamilton Fish Institute, The George Washington University for U.S. Department of Justice, Office of Juvenile Justice and Delinquency Prevention.

שורשי המדריך הפנימי שלי

המפ"ש הוא תוכנית הלימודים המקיפה הראשונה המבוססת על העקרונות. נשות החינוך הראשונות שהביאו בשקט את העקרונות לבתי הספר שלהן – ברברה אוסט וכריסטה קמפסול – החלו ללמוד מסידני בנקס ב-1975 בקולומביה הבריטית, בקנדה. ג'יין טאקר, מריקה מייאר ובוב קמפסול החלו גם הם ללמוד מסידני בנקס באמצע שנות ה-70 ועבדו בבתי ספר ישירות עם תלמידים לאורך שנים רבות. ב-1993, שילבה קת'י מרשל מ"המרכז למשאבים לחוסן לאומי" את העקרונות בשני מיזמי בית ספר קהילתיים שפעלו במשך 20 שנה בארה"ב. ב-2016 הופיעה סדרת הוובינרים העולמית "אנשי חינוך חיים בחדוות הכרת התודה" שתיעדה את חוויותיהם וניסיונם של אנשי חינוך ותיקים בשיתוף העקרונות "בתוך בתי הספר" מהגיל הרך עד סוף י"ב.

תוצאות הלמידה, חיים ושיתוף העקרונות בחינוך משלימים מאמצים רבים לשנות באופן יעיל את החינוך בכל שלביו. העניין בשילוב העקרונות במערכת החינוך ברחבי העולם גדל והולך. על מנת שיצלחו, על מאמצים אלה לעלות בקנה אחד עם תקני תכניות הלימודים בכל מדינה. במקרים מסוימים, מאמרים מבוססי-מחקר שהתפרסמו והתקבלו ע"י מומחים מספקים את ההכוונה הטובה ביותר. לרוב המדינות קווים מנחים שקל לגשת אליהם. הנה מדגם שלהם:

American Common Core State Standards Initiative. (2017). *About the Standards.* Retrieved from www.corestandards.org.

BC Ministry of Education. (2016). Curriculum. *BC's New Curriculum*. Retrieved from www.curriculum.gov.bc.ca/curriculum-updates.

BC Ministry of Education. (2016). *Personal Awareness and Responsibility Competency Profiles.* Retrieved from https://curriculum.gov.bc.ca/sites/curriculum.gov.bc.ca/files/pdf/PersonalAwarenessResponsibilityCompetencyProfiles.pdf

"Collaborative for Academic, Social, and Emotional Learning (CASEL). (2017)." *Core SEL Competencies*. Retrieved from http://www.casel.org/core-competencies/

"Personal, Social, Health and Economic (PSHE) Education." *Gov.UK*. Retrieved from http://www.gov.uk

"Promoting Fundamental British Values as part of SMSC in Schools" (2014). *Gov.UK.* Retrieved from http://www.gov.uk

"Secondary National Curriculum." 02 Dec. (2014). Gov.UK. Retrieved from http://www.gov.uk

United Kingdom, HM Government. (January, 2017). *Gov.UK.* The Government's Response to the Five Year Forward View for Mental Health. Retrieved from https://www.gov.uk/government/publications/five-year-forward-view-for-mental-health-government-response

United Kingdom, HM Government. (December 2017). Transforming Children and Young People's Mental Health Provision: Provision of a Green Paper. Presented to Parliament by Secretaries of Departments of Health and for Education from https://www.gov.uk/government/uploads/system/uploads/attachment_data/file/664855/Transforming_children_and_young_people_s_mental_health_provision.pdf

תודות

לסידני בנקס היה אכפת עמוקות מצעירים. הוא ידע שאם נוכל לעזור לנוער שלנו, העולם יהיה "מקום הרבה יותר טוב." הוא היה אדם רגיל שעבר חוויה ששינתה אותו בצורה עמוקה מבפנים-החוצה. את שארית חייו, כנואם וכסופר, הוא הקדיש לשיתוף שלושת העקרונות האוניברסליים שנחשפו בפניו: תודעה, מודעות ומחשבה.

כשמורים, מנהלי בית ספר ואנשי מקצוע במקצועות מסייעים אחרים למדו את העקרונות הללו, הם דיווחו בעקביות על תוצאות חיוביות במיוחד עם בני נוער ומבוגרים בבתי ספר, מרפאות לבריאות הנפש, עסקים, בתי כלא וסוכנויות קהילתיות. העקרונות שה*מפ"ש* משתף מתמקדים באנשים המגלים את החוכמה הפנימית הטבעית ואת הבריאות הנפשית המולדת שלהם. הבנה זו זוכה עכשיו להכרה ולכבוד בינלאומיים. כולנו יכולים להיות אסירי תודה על ההזדמנות לחקור את מסר התקווה הכה-עמוק ומשנה חיים של העקרונות.

תודה מקרב הלב לצוות אנשי המקצוע שהתנדבו במסירות ועזרו ביצירת ה*מפ"ש* I. קת'י מרשל אמרסון, שכתבה יחד איתי את הספר למורה ואת הספר לתלמיד, טום טאקר שהפיק אמנותית את העטיפה ואת העימוד וג'ו אאוקוין שיצר את גרפיקת הינשוף המיוחדת שלנו. תודה גם לפסיכיאטר ביל פטיט על המכתב האישי שכתב המביע את אמונתו שלמה שהכוונת צעירים למדריך הפנימי שלהם משקמת את בריאותם הנפשית. המנהלים בארב אוסט, ד"ר מארג' הוקינס ולורי סמית' דנו באדיבות על חיים מתוך העקרונות בתכניות לגיל הרך.

אני אסירת תודה במיוחד לסופרת, מורת בית ספר יסודי והמנהלת, בארב אוסט, אשר כבר למעלה מארבעים שנה רואה את העקרונות מוציאים את המיטב מתלמידים ומורים. היא וקאתי קראו לעומק את סדרת ה*מפ"ש* וסיפקו קשרים חשובים בין העקרונות, הנחיות לתכניות לימודים ומחקרים מבוססים בנושאי חינוך, חוסן נפשי ותחומים נלווים. קאתי עודדה אותי במיוחד לצאת לדרך למשימה זו.

בעלי בוב קמפסול תרם תובנות ועודד אותי בכל צעד ושעל. בננו, מייקל, יצר את האתר הנלווה עבור ה*מפ"ש*. ארבעת הנכדים שלנו סקרו את הסיפורים ובחרו את גופן ההדפסה והתמונות לספר התלמיד I. לכל הילדים, הנוער והמבוגרים שהציעו את הצעותיהם והערותיהם לאורך כל הדרך והניעו הלאה את ה*מפ"ש*, תודה רבה רבה!

- המחברת

סקירה כללית של תוכנית הלימודים המקיפה של המדריך הפנימי שלי

המפ"ש הוא תוכנית לימודים מקיפה הכוללת 3 חלקים, מגן הילדים עד י"ב, שהינה מבוססת סיפורים ומכסה תכנים מותאמים לרמת ההתפתחות, בתהליך למידה מתמשך המשתרע לאורך כל שנות בית הספר. כמורים, אתם בוחרים את רמת *המפ"ש* המתאימה לתלמידיכם במסגרת החינוכית הספציפית שלכם: ספר I (מבוא, יסודי) ספר II (המשך, ביניים), ספר III (מתקדם, תיכון). בעזרת תוכנית לימודים מקיפה זו, מנהלי בתי הספר יוכלו ליישם תוכנית הדרכה רציפה לשיתוף שלושת העקרונות עם תלמידים תוך כדי שהם מתקדמים במסלול הלימודים.

מטרות המדריך שלי בפנים (ספר III): העקרונות הנדונים בספר התלמידים הזה פועלים בכל האנשים, כולל כל נער ונערה. תוכנית לימודים זו של המפ"ש מצביעה על הדרך לשלמות, אושר, יצירתיות ורווחה בכל חלקי החיים. לפיכך ל-המפ"ש יש שתי מטרות אקדמיות גלובליות: (1) לטפח רווחה נפשית אישית מתוך הבנת עקרונות אלה; (2) לפתח מיומנויות תקשורת, חשיבה ואחריות אישית וחברתית. *המפ"ש* משיג שתי מטרות אלה באמצעות סיפורים, דיונים ופעילויות כתיבה ויצירה שונות, בזמן שהוא מקדם מיומנויות שפה ומיומנויות במספר תחומים נוספים.

גילוי המדריך הפנימי הוא המפתח ללמידה, והוא משפר את יכולתם של הילדים לקבל החלטות, לנווט בחיים ולבנות מערכות יחסים בריאות. גישה לחוכמה טבעית זו משפיעה על רווחה נפשית ורוחנית, על אחריות אישית וחברתית, ועל זהות אישית ותרבותית חיובית. למידה חברתית-רגשית, כולל נחישות, ויסות עצמי, ויעילות עצמית, הם גם תוצאות טבעיות של מודעות גבוהה יותר לחוכמה הפנימית/"המדריך פנימי". הבנה זו ממקסמת את הרווחה האישית ומשפרת את האקלים הבית-ספרי, התנהגות התלמידים וביצועים אקדמיים.

מדריך למורים זה של ***המפ"ש*** מלווה את ספר התלמיד **'המדריך הפנימי שלי'** III. ספר התלמידים, תחת כותרת נפרדת, מציע דרך מלאת תקווה ופשוטה עבור התלמידים להיות מודעים לאופן שבו הם פועלים מבחינה נפשית מבפנים-החוצה. הבנה זו ממקסמת את הרווחה האישית, משפרת את האקלים הבית ספרי, את התנהגות התלמידים ואת הביצועים הלימודיים.

מדריך המורים המלווה את ספר III מכיל מערכי שיעור, הערכה מקדימה ומסכמת, פעילויות, מדדי הערכה, ומשאבים משמעותיים. אנו מציגים עקרונות אוניברסליים ההופכים תוכנית לימודים זו לשימושית בכל העולם עם כל התלמידים. בנוסף אנו מתייחסים להנחיות תכניות הלימודים מקדנה, בריטניה וארצות הברית.

- המפ"ש עונה על דרישות נבחרות של לימודי שפה, חינוך לבריאות אישית, חינוך לקריירה וחינוך לבריאות חברתית וכלכלית.
- המפ"ש תומך בהכללה ומפתח מיומנויות תקשורת, למידה רגשית חברתית, מודעות לרווחה אישית, אחריות חברתית וכישורי חשיבה.

המפ"ש מתאים לכל התלמידים בכל כיתות התיכון, תלמידים מבוגרים בתכניות שונות, תלמידים ביתיים, תלמידים בהכוונה עצמית הלומדים באופן עצמאי, תלמידים בשיעורים פרטיים, במצבי יעוץ או אימון אישיים ובדיונים עם הורים. רמת הקריאה היא לגילאי 13-19. אפשרויות מדיה דיגיטלית חינמית וקטעי ודיאו מוצעים באתר myguideinside.com. והכי חשוב, תוכנית לימודים מקיפה זו מציעה מסגרת גמישה להתאמה ולשינוי כך שתתאים להבנת העקרונות של כל מורה והצרכים של התלמידים.

אודות המחברות

כריסטה קמפסול (מימין) היא חלוצה בהבאת שלושת העקרונות לחינוך א׳-י״ב. מאז 1975, הם מהווים את הבסיס לעבודתה כמורה בכיתה, כמורה לחינוך מיוחד וכמדריכת מורים. כריסטה קיבלה הדרכה מסידני בנקס לאורך שנות הקריירה שלה והוא הסמיך ללמד את שלושת העקרונות. היא בעלת BEd ו-DiplSpEd מאוניברסיטת קולומביה הבריטית ו-MA מאוניברסיטת רויאל רודס. היא ובעלה גרים בסולט ספרינג איילנד, קולומביה הבריטית.

קת'י מרשל אמרסון (משמאל) היא מייסדת ומנהלת ״מרכז משאבים לחוסן לאומי״, המנחה הכשרות מבוססות על שלושת העקרונות לשינויים מערכתיים בבתי ספר ובקהילות. סדרת הוובינרים המקוונת החינמית שלה ״מחנכים חיים בשמחת הכרת הטוב״ זמינה ברחבי העולם. הסדרה מציגה תוצאות של מחנכים ותיקים בינלאומיים המשתפים את העקרונות במשך למעלה מארבעים שנה בכיתות, בסדנאות בית ספריות ובהשתלמויות סטודנטים. היא בעלת תואר שני מאוניברסיטת דרום קליפורניה וחברת סגל משלים באוניברסיטת מינסוטה.

מה אומרים אנשי מקצוע על המדריך הפנימי שלי

"תוכנית לימודים מורכבת להפליא זו היא חובה למנהלי בתי ספר, מורים ועוזרי מורים. היא מכוונת את המחנכים והתלמידים למצב נפשי טבעי של רווחה. כל המשתתפים מקבלים הזדמנויות רבות ללמוד מתוך שמחה וגישה לשכל הישר ולחוכמה המולדת בכל תחומי החיים. ***המדריך הפנימי שלי*** הוא גישה הוליסטית עם מהות האנושיות שלנו בבסיסה."

דין ריס אוונס, *MSc*
מורה, חוקר, מנחה לרווחה נפשית, מקססוויל, דרום וויילס החדשה, אוסטרליה

"הורים ומורים כאחד ימצאו שזה משאב מועיל בעבודה עם ילדים ונוער כדי למצוא את החוכמה הטמונה בכל אחד מהם, ולפתח אסטרטגיות לפתרון בעיות בעזרת המדריך המיוחד שלהם."

קלדה לוגן
מנהלת, סולט ספרינג איילנד, קולמוביה הבריטית, קנדה

"סיפורים אותנטיים אלה הינם פשוטים ועם זאת עמוקים, ויש להם יכולת להוביל את התלמידים למדריך הפנימי שלהם."

בארב אוסט, *BEd, MEd*
מנהלת, יועצת חינוכית וסופרת, סולט ספרינג איילנד, קולומוביה הבריטית, קנדה.

"היה לי מזל מדהים להכיר באופן אישי את סידני בנקס, וגדלתי מוקפת בהבנת שלושת העקרונות, שנשארה בלב הגישה שלי כמחנכת. הייתי מורה בבתי ספר בשכונות עוני של בלטימור, מיאמי והברונקס למעלה מ- 12 שנים. על ידי שיתוף הבנה פשוטה זו תלמידים יכולים להחליט כיצד הם רוצים לחוות את החיים באמצעות הבחירות שלהם לגבי מחשבה, ראיתי תלמידים אגרסיביים הופכים למשכני שלום; ילדים ביישניים וחסרי ביטחון הופכים למנהיגים בטוחים, ואת רמת המודעות והאמפטיה עולה בתוך בית הספר כולו. אני שמחה ונרגשת למחשבה שילדים רבים יראו ויחוו תוכנית לימודים זו. להבנה זו יש כוח לשנות את החינוך ואת החוויה הבית ספרית בקנה מידה עולמי!"

כריטינה ג. פוקיו, מורה מנחה/מאמנת, ברונקס, ניו-יורק

"*המדריך הפנימי שלי* מביא ילדים ונוער במגע עם חכמתם שלהם. כריסטה וג'יין מזכירים לקוראים על הכוח החשיבה שלנו ותומכות בנו לתרגל 'ידיעה' באמצעות הקשבה. המארג היפהפה של הסיפורים עוזר לקוראים 'לחשוב ולראות בצרה ברורה'. ספר זה הוא משאב יוצא דופן... מתנה לכל אחד מאיתנו."

ניה וויליאמס, מ.א.
יועצת הדרכה, איי המפרץ, קולומביה הבריטית, קנדה

"כמורה עם ניסיון רב שנים בעבודה עם ילדים ונוער, כולל ילדים בסיכון גבוה, שמסיבות רבות, לא צלח טוב במערכת החינוך, אני מקדמת בברכה תוכנית לימודים מעוררת השראה זו בהערכה ובכבוד

סוף סוף, הנה שיחה אחרת זמינה לבתי הספר, כזו שמלמדת דרך פשוטה וישרה להבטחת יציבות רגשית ומצבי נפש בריאים. זה החלק החסר שמערכת החינוך כל כך זקוקה לו."

סו פאנקייביץ', תואר ראשון, *PGCE*
מורה בכירה לשעבר ביחידה לחינוך מיוחד, יועצת חינוכית, קולצ'סטר, בריטניה

"כמנהל במשך למעלה משלושים שנה, לעיתים קרובות הייתי עד ממקור ראשון למאבקים חסרי המנוחה של ילדים ונוער רבים כשהם מתחילים להרגיש בנוח בתוך עורם. תוכנית הלימודים הישירה, הפשוטה אך העמוקה של כריסטה עוזרת למורים להפנות בני נוער לכיוון שאחר, למדריך הפנימי שלהם, למהות שלהם לחוכמה שלהם. הייתי ממליץ על המדריך הזה למורים כמקור תמיכה רב עוצמה. הוא עוזר לכולנולזכור מי אנחנו באמת... אהבה טהורה."

פיטר אנדרסון, *Cert. Edn. Adv. Diploma* (קיימברידג),
מנחה שלושת העקרונות, מנהל, יועץ, אסקס, בריטניה